UNE BRÈVE HISTOIRE
D'*Un cours en miracles*

Note sur l'auteur :

Co-fondateur de la *Foundation for Inner Peace*, qui est l'éditeur original d'*Un cours en miracles*, Robert Skutch était l'homme idéal pour raconter cette « brève histoire » où il a lui-même joué un rôle et dont il a connu personnellement tous les acteurs.

Auteur de plusieurs livres, Robert Skutch a aussi écrit pour la radio, la télévision et le théâtre. Il vit maintenant en Californie.

ROBERT SKUTCH

UNE BRÈVE HISTOIRE D'*Un cours en miracles*

Traduit de l'anglais par

Denis Ouellet

OCTAVE ÉDITIONS

Catalogage avant publication de Bibliothèque et Archives nationales du Québec et Bibliothèque et Archives Canada

Skutch, Robert

Une brève histoire d'Un cours en miracles

Traduction de : Journey without distance

ISBN 978-2-923717-36-4

1. Course in miracles. 2. Histoire. I. Titre.

BP605.C68S5814 2010 299'.93 C2010-940708-3

Conception graphique de la page couverture et infographie : Michel Laverdière

Illustration de la couverture : iStockphoto www.iStockphoto.com

Titre original : *Journey Without Distance*

ISBN : 978-2-923717-36-4

Dépôt légal : Bibliothèque et Archives nationales du Québec, 2010
Bibliothèque et Archives Canada, 2010

Site Internet : www.editionsoctave.com

Imprimé au Canada

Au nom de tous ceux qui ont tiré profit
*des enseignements d'*Un cours en miracles,
ce livre est dédié avec amour à Helen, Bill, Ken et Judy.

Le voyage à Dieu n'est que le nouveau réveil
de la connaissance de là où tu es toujours,
et de ce que tu es à jamais.
C'est un voyage sans distance
vers un but qui n'a jamais changé.

Un cours en miracles

1

Le manuscrit d'*Un cours en miracles* fut achevé en 1973, mais pour savoir comment et pourquoi il a vu le jour, il faut retourner au milieu des années soixante et rencontrer deux psychologues : William N. Thetford, 42 ans, professeur de psychologie clinique à l'Université Columbia, à New York, et directeur du département de psychologie de l'Hôpital Presbytérien ; et Helen Schucman, 56 ans, une psychologue de ce département – deux personnes parmi les moins susceptibles d'être mêlées à la naissance d'*Un cours en miracles.*

* * *

En juin 1965, Bill Thetford était assis à son bureau en proie au plus grand découragement. Il revenait d'une rencontre des chefs de département qu'on avait convoquée dans le but de trouver une solution à un problème administratif qui ennuyait le personnel enseignant depuis plus de trois mois. La réunion avait bien commencé, mais au fur et à mesure que les points de vue divergents trouvaient à s'exprimer, et que les intérêts particuliers des uns et des autres étaient mis en valeur puis défendus, les voix se firent de plus en plus fortes et de plus en plus aiguës, les nerfs de plus en plus tendus, et ce qui au départ était un effort pour trouver un terrain d'entente se termina par une série d'attaques personnelles et d'amères récriminations.

Ce n'était pas la première rencontre de ce genre à laquelle assistait le docteur Thetford. En fait, depuis qu'il était devenu directeur administratif du département, il avait dû faire face régulièrement à des collègues qui ressentaient tous le même besoin fondamental de protéger leurs intérêts particuliers contre les empiètements apparents de l'administration, de leurs collègues professeurs ou même d'associés dans leur propre département.

Mais il semble que la réunion de l'après-midi l'avait accablé davantage que la plupart des précédentes. Il ne cherchait pas à savoir pourquoi. Mais il se demandait comment il avait pu aboutir là, alors qu'il n'avait jamais réellement été tenté par la vie universitaire. Comment, se demandait-il, tout cela avait-il pu lui arriver ?...

* * *

Né à Chicago, Bill Thetford était le benjamin d'une famille de trois enfants ; un frère était décédé en bas âge, et il avait une sœur de deux ans son aînée. Son père travaillait pour la compagnie de téléphone Bell de l'Illinois, en tant que superviseur dans la division responsable de la construction.

La famille habitait dans un quartier de classe moyenne du sud de la ville, où la mère de Bill fréquentait une église de la Science chrétienne. Son père, quand on lui posait la question, répondait qu'il était lui aussi un « scientiste », mais il n'assistait pas régulièrement aux offices. Quant à Bill, son instruction religieuse fut interrompue par une tragédie familiale.

Alors que Bill avait sept ans, sa sœur, qui en avait neuf, attrapa une infection aux streptocoques, et bien que la famille fît à appel à des médecins en plus des praticiens attachés à l'église de la Science chrétienne, elle était morte au bout de deux semaines.

Ce décès affligea profondément la mère et le père de Bill. Désormais, ils restaient à la maison tous les soirs, refusant toutes les invitations à sortir que leur faisaient voisins et amis. Ils renoncèrent également à leur religion, et ni l'un ni l'autre ne remit plus jamais les pieds dans une église de la Science chrétienne.

Ils étaient encore en plein deuil quand Bill attrapa la scarlatine. Au plus fort de la maladie, il était si affaibli qu'il eut un accès de rhumatisme articulaire aigu. De plus, en luttant pour se rétablir, il fut victime d'un infarctus auquel les docteurs ne prévoyaient pas qu'il survivrait.

Toutefois, après plusieurs mois de soins intensifs, il s'était rétabli suffisamment pour qu'on ne craigne plus pour sa vie, mais il fut incapable de sortir du lit durant les deux années suivantes. Il passait le temps en dévorant tous les livres qui lui tombaient sous la main, de Dickens à Dumas en passant par Mark Twain. Entre deux livres, sa mère lui enseignait l'arithmétique.

Bill avait raté l'école pendant trois ans quand il fut assez rétabli pour y retourner. Il était tombé malade en deuxième année ; et quand il retourna enfin à l'école, on le plaça en quatrième.

Deux ans plus tard, il terminait avec succès la huitième année et entrait à l'école secondaire où il allait obtenir son diplôme avec mention avant d'être accepté en première année à l'Université de DePauw, en Indiana. En deuxième année, quand il eut à choisir un sujet de maîtrise, il opta pour la psychologie, sans trop savoir pourquoi. Il ne savait pas tout à fait ce que les psychologues faisaient et il n'était donc pas du tout convaincu de vouloir en devenir un. C'est pourquoi il s'inscrivit également au programme pré-médical – puisqu'il savait ce que faisaient les médecins, au moins. À sa dernière année à DePauw, il fit sa demande et fut admis en faculté de médecine à l'Université de Chicago.

Puisqu'il avait été exempté de service militaire en raison de ses graves maladies infantiles, il obtint son diplôme de l'Université de DePauw en février 1944. Il ne savait pas encore exactement quel type de carrière il choisirait, mais il savait une chose : il avait besoin de travailler pour gagner sa vie au moins jusqu'à l'automne, quand il entrerait en faculté de médecine.

Puisque j'avais été admis en pré-médecine, je me disais que la meilleure chose à faire serait d'obtenir un emploi à l'université. Je me suis informé au bureau d'emploi, qui m'a dirigé vers le laboratoire de métallurgie de l'université. Je ne savais pas quel genre de travail ils auraient à m'offrir – ni en quoi je serais qualifié pour le faire – mais durant l'entrevue j'ai appris que le laboratoire de métallurgie était le centre d'une sorte de programme de recherche secret mené à l'université.

Parce que le pays était en pleine Deuxième Guerre mondiale et que la main d'œuvre civile était très recherchée, des gens comme moi sans expérience ni compétence étaient les bienvenus sur le marché du travail, et souvent on leur offrait des postes qu'ils n'auraient jamais pu occuper en temps normal. Dans mon cas, peu de temps après mon embauche, j'ai été nommé responsable administratif en charge de la supervision de plusieurs édifices qui servaient essentiellement – comme je l'ai appris plus tard – à la recherche atomique. Parmi ceux-ci figuraient le laboratoire de biologie, le complexe du stade de football West Stands et le nouveau bâtiment de chimie où le docteur Glenn Seaborg débuta les recherches qui allaient plus tard lui valoir le Prix Nobel. L'une de mes tâches était de superviser le travail d'une équipe spéciale d'hommes qui passaient dans les sections radioactives et tentaient de les décontaminer. J'étais obligé de porter un compteur Geiger du matin au soir. Rétrospectivement, le plus curieux est que toute cette recherche ait eu lieu sous le stade de football. Le président de l'université, Robert Maynard Hutchens, avait déclaré le football universitaire tabou, sous prétexte qu'il interférait avec la poursuite des grandes idées et l'étude des grands livres. Résultat, le stade de football était disponible pour la recherche atomique. En conséquence, c'est à cet endroit qu'eut lieu la première réaction en chaîne de l'histoire du monde en décembre 1942. Le docteur Enrico Fermi était en charge de cette expérience. Il put déclencher la réaction et, ce qui est plus important, la stopper. S'il n'avait pas réussi, peut-être que les horribles problèmes créés par l'âge atomique nous auraient été épargnés.

L'atmosphère dans notre département à l'époque était très excitante. Il y régnait un sentiment d'extrême urgence, car le travail qui s'y déroulait était un objectif prioritaire à l'échelle nationale. La communauté scientifique était convaincue que les nazis étaient déjà fort avancés dans leurs recherches sur le développement de l'énergie atomique, et que nous étions engagés avec eux dans une course à la mort. De fait, nous pensions que si nous n'étions pas les premiers à conquérir l'atome, cela signifierait la fin de la civilisation occidentale telle que nous la connaissions.

Durant ce temps, mon ambivalence concernant la faculté de médecine n'a fait que grandir, et à l'automne de 1944, j'ai décidé que le projet sur lequel je travaillais maintenant était plus important que des études de médecine. J'ai donc informé l'université que je ne m'inscrirais pas à l'automne, et j'ai gardé mon poste dans le programme de recherche atomique.

En août 1945, la première bombe atomique était lâchée sur Hiroshima. Je crois que nous avons tous été abasourdis par l'étendue de la dévastation, et j'ai eu la certitude que ma participation au programme était terminée. Puisque je ne me sentais plus l'obligation morale de continuer, j'ai démissionné le même mois.

Quelques semaines plus tard, le docteur Carl Rogers est arrivé sur le campus. Je ne savais rien de Rogers – même si à l'époque c'était déjà l'un des noms les plus importants dans le domaine de la psychologie –, mais je me suis inscrit à son premier cours sur la « psychothérapie centrée sur la personne », simplement parce que certains étudiants au doctorat que je connaissais me l'avaient recommandé. Les travaux de Rogers suscitaient un énorme intérêt et il devait y avoir plus d'une centaine d'étudiants de troisième cycle qui suivirent ce cours.

Pour des raisons qui me sont aussi obscures maintenant

qu'à l'époque, Rogers a décidé que j'étais moi-même un étudiant de troisième cycle en formation avancée, et non seulement a-t-il fait de moi son auxiliaire pour ce cours, mais avant la fin du trimestre il m'a invité à devenir assistant de recherche au centre de counseling qu'il venait de former. Cela représentait un honneur et une opportunité extraordinaires ; je ne comprenais pas, j'ai même tenté de lui dire que je n'étais pas qualifié, mais il n'a pas voulu en entendre parler, et bientôt je me suis trouvé engagé, à mon grand étonnement, dans la recherche et la pratique de la psychothérapie centrée sur la personne. Cela me paraissait d'autant plus étrange que tout le travail de Rogers reposait sur sa théorie de l'« accueil inconditionnel », ou l'amour parfait. D'être ainsi passé d'un emploi axé sur l'annihilation totale à la pratique d'une profession basée sur l'amour parfait me semblait, pour le moins, ironique.

Ma thèse de doctorat comportait une première approche de quelque chose ressemblant au biofeedback. Je voulais savoir s'il était possible de mesurer le système nerveux autonome et ses fonctions avant et après la thérapie rogérienne. Il me semblait que si les gens bénéficiaient de la thérapie, ils pourraient se rétablir plus rapidement d'un stress induit expérimentalement. J'ai donc formé un groupe de contrôle parmi les gens qui attendaient d'être acceptés au centre de counseling, et un autre groupe de personnes qui étaient déjà bien engagées dans le processus de counseling. Les mesures que j'ai employées ont révélé une différence importante entre le groupe expérimental et le groupe de contrôle quant à la rapidité avec laquelle ils se remettaient du stress induit. Rogers fut très impressionné par cette étude, et j'étais aussi vraiment étonné d'avoir pu obtenir des résultats le moindrement significatifs.

En mars 1949, j'ai été moi-même un peu surpris d'obtenir mon doctorat. Je ne savais toujours pas vraiment ce qu'était la psychologie. Je sentais qu'il manquait quelque chose, mais je n'aurais pas su dire quoi. Même si j'avais rencontré plusieurs personnalités éminentes durant mes études,

des hommes et des femmes qui étaient des leaders dans leurs domaines respectifs, personne ne semblait avoir la moindre idée de la façon dont ces domaines de connaissance spécialisés pourraient être synthétisés.

Résultat, en obtenant mon doctorat je me sentais totalement incompétent dans presque n'importe quoi, et je ne savais pas du tout ce que j'étais censé faire de ce diplôme. Heureusement, un ami m'a suggéré de poser ma candidature à l'Hôpital Michael Reese de Chicago, où un poste s'était ouvert dans le cadre d'un énorme projet portant sur l'étude des traits de personnalité chez les patients schizophréniques grâce au test de Rorschach. L'étude était dirigée par le docteur Samuel J.Beck, qui avait écrit des livres pionniers sur le test de Rorschach et faisait autorité dans le domaine.

Pour des raisons qui me semblaient tout à fait valides, j'étais réticent. Pour un, je n'avais jamais suivi de cours sur le Rorschach de ma vie ; je n'y connaissais absolument rien. De plus, je n'avais jamais travaillé dans un département de psychiatrie, surtout un département qui préconisait la psychanalyse – une philosophie totalement contraire à celle de Rogers et à ma propre formation. Toutefois, j'ai posé ma candidature, et le docteur Beck, qui m'a fait passer l'entrevue, semblait ravi de mon incompétence. D'abord il s'est montré emballé du fait que je ne connaissais rien sur le Rorschach et n'avait donc pas été contaminé par d'autres enseignements. Ensuite, il a été très impressionné par le titre ronflant de ma thèse de doctorat, qui touchait le domaine de la psychologie physiologique. Et puisque Beck n'y connaissait rien du tout, il trouvait que c'était terriblement scientifique et que j'étais donc le parfait candidat. J'ai obtenu le poste au département de psychiatrie de Michael Reese et j'y suis resté pendant deux ans et demie, y publiant de nombreux articles de recherche dont quelques-uns que j'ai co-signés avec le docteur Beck.

La seule chose qui me tenait vraiment à cœur, à la fois durant mes études et à Michael Reese, c'était que je ne voulais absolument pas devenir professeur d'université. Je m'étais promis de faire tout mon possible pour éviter d'accepter toute position professorale, et j'avais déjà refusé quelques offres. L'une des raisons principales de cette aversion était le fait que je n'avais rien à professer, et je répugnais à me placer dans une position où cela pourrait devenir évident pour les autres. De plus, je ne croyais pas pouvoir m'adapter très facilement à la vie universitaire.

Quand j'ai senti qu'il était temps de quitter l'hôpital, j'ai cru qu'il serait utile et instructif d'aller à Washington, D.C., pour m'y inscrire à la Washington School of Psychiatry. *L'école de Washington avait pour philosophie de se concentrer sur les relations interpersonnelles plutôt que sur les nombreuses composantes psychodynamiques de la psychologie freudienne. Cela me plaisait beaucoup, puisque je n'arrivais pas à m'identifier à la psychanalyse, même si j'avais beaucoup de respect pour les découvertes de Freud et de certains de ses disciples.*

*Quand j'eus terminé le programme d'études à Washington, j'étais encore indécis sur mon avenir. Puisque la ville de New York m'attirait depuis longtemps, j'ai décidé d'y aller et de chercher un poste une fois rendu. Le chef des services psychologiques au bureau de placement de l'État de New York m'a dit qu'il avait l'emploi absolument parfait pour moi, et que je n'avais plus à chercher ailleurs. Ce qu'il m'offrait, c'était la direction du département de psychologie à l'*Institute of Living *de Hartford, au Connecticut. J'y suis allé pour une entrevue et j'ai été engagé.*

Après un an à Hartford, j'ai reçu un coup de fil du docteur Harold G. Wolff, l'un des fondateurs de la médecine psychosomatique, une sommité des troubles dus au stress, qui à l'époque était président du département de neurologie à la faculté de médecine de l'Université Cornell, à New York. Le docteur Wolff m'offrait le poste de psychologue en chef du programme d'études en écologie humaine qu'il dirigeait. À cette époque, ma résistance à l'égard des emplois universi-

taires s'était quelque peu émoussée et j'ai décidé d'y réfléchir. Résultat, j'ai fini par accepter l'offre du docteur Wolff, et je suis vite devenu simple assistant avant d'être promu professeur assistant un an plus tard.

Un jour d'automne en 1957, alors que j'assistais à une rencontre annuelle de psychologie, j'ai rencontré un vieil ami durant l'une des pauses. Après les salutations d'usage, il m'a demandé si j'étais intéressé à entrer à la faculté de médecine de l'Université Columbia pour y diriger un programme de formation en psychologie clinique au pré-doctorat. Il m'a prévenu que c'était une position très exigeante et que le comité n'était pas encore parvenu à s'entendre sur un candidat. Plusieurs avaient été considérés, me dit-il, mais dans chaque cas, un ou plusieurs membres du comité avaient exercé leur droit de veto, de sorte que la place était encore libre. Et puisque personne sur le comité ne me connaissait encore suffisamment pour me détester, j'étais selon lui l'homme idéal pour le poste.

J'ai dit à mon ami que je n'avais aucunement l'intention de quitter Cornell, où j'avais un travail fascinant dans une atmosphère très agréable. Il m'a tout de même convaincu de parler au président du département de psychiatrie de Columbia, puisque l'opportunité était trop rare pour simplement l'ignorer.

J'ai donc parlé au président et à d'autres membres du comité d'embauche. Durant ces conversations, il m'est apparu qu'on m'offrait un emploi comportant d'énormes responsabilités. Par conséquent, j'ai spécifié que je ne croyais pas être en mesure d'assumer ces responsabilités en tant que simple assistant professeur, et qu'il faudrait donc que je sois promu au titre de maître de conférences. En disant cela, je savais que dans la hiérarchie médicale, qui bouge très lentement, il était fort improbable que quelqu'un qui n'était qu'un simple assistant un an ou deux auparavant soit promu aussi rapidement.

Environ deux mois plus tard, cependant, je recevais une lettre du Président du département de Psychiatrie, qui avait réussi à faire passer ma candidature auprès du doyen. Résultat, je me suis senti moralement obligé d'accepter le poste, et je suis arrivé à Columbia en 1958 en tant que maître de conférences au département de psychologie médicale.

Bill Thetford avait très hâte de relever ce défi. Il pensait pouvoir introduire bon nombre d'idées nouvelles dans le programme de formation pré-doctorale qu'il allait diriger et il entreprit sa tâche en anticipant de grandes choses pour les mois et les années à venir.

Quelques jours seulement après avoir débuté, cependant, il a commencé à réaliser que sa tâche ne serait pas aussi facile qu'il l'avait cru. Il en eut une première indication quand il s'est rendu compte que toutes les discussions qu'il avait eues avec les membres du comité d'embauche ne l'avaient pas réellement préparé pour la nature et l'étendue des responsabilités qu'il devait maintenant assumer. Il avait cru que la majeure partie de son temps serait consacrée au programme prédoctoral, mais il découvrait à présent que le titre additionnel qu'on lui avait accolé « par simple formalité » – celui de directeur du département de psychologie de l'Hôpital Presbytérien – allait lui demander beaucoup plus de temps et d'énergie qu'on ne lui avait laissé croire. L'Hôpital Presbytérien était une partie essentielle du Centre médical, et Bill s'est rendu compte presque immédiatement que ce titre « non-officiel » s'accompagnait d'une nuée de problèmes qu'on avait laissés traîner durant plusieurs années.

Alors qu'il essayait encore de mettre de l'ordre dans ses priorités, Bill reçut un coup de fil du doyen de la faculté de médecine l'informant que l'université avait accepté une grosse somme d'argent de l'Institut national des Troubles neurologiques[1] pour collaborer à une étude sur les déficits sensoriels et neurologiques chez les nourrissons et les jeunes enfants. Le programme comportait un protocole obligatoire qui nécessitait les services d'un chercheur d'expérience avec une formation spécialisée pour tester les nourrissons et les jeunes enfants. Il incombait à Bill de trouver cette personne, et vite, car le doyen avait dit clairement que le programme devait débuter immédiatement.

Puisque Bill n'avait aucune expertise dans ce champ particulier, il arrangea une rencontre avec un collègue d'un hôpital voisin qui était une autorité dans le domaine. Bill lui décrivit la situation en lui demandant s'il pouvait l'aider à trouver la bonne personne. Son collègue lui promit qu'il la trouverait et qu'il lui demanderait d'entrer en contact avec Bill.

Bill était reconnaissant d'avoir un problème de moins à régler, car son assiette était déjà bien remplie. Il commença donc à faire des plans et à mettre en place des procédures qui aideraient à lancer le programme en douceur, s'en remettant simplement à son ami pour trouver celui ou celle qui occuperait ce poste important.

Environ deux semaines plus tard, le téléphone sonna dans le bureau de Bill. Après s'être assurée qu'elle parlait bien au docteur Thetford, la voix au bout du fil lui dit : « Je m'appelle Helen Schucman, et on m'a dit de vous dire que j'étais celle que vous cherchez. » C'est ainsi que Bill fit la connaissance d'Helen, avec qui il allait travailler à enregistrer les remarquables volumes intitulés *Un cours en miracles*.

Bill fit venir Helen au Centre médical le lendemain matin pour une entrevue. À 10 heures a.m., une petite femme très dynamique, fin de la quarantaine, fut introduite dans son bureau. Helen, qui ne mesurait pas plus que 1

---

[1] *National Institute of Neurological Diseases.* (N.d.T.)

mètre 50, était joliment vêtue d'une jupe et d'une blouse de coupe classique, et ses cheveux courts et bouclés, rehaussés de quelques mèches blondes, étaient parfaitement coiffés. Ses traits étaient plutôt fins, avec un petit nez anguleux, et elle avait un petit air bourru que Bill remarqua aussitôt et qu'il jugea comme un trait de caractère positif qui l'aiderait beaucoup si elle acceptait le poste.

Après seulement quelques minutes, Bill savait qu'il avait trouvé la perle rare. Ses antécédents professionnels étaient faits sur mesure pour ce genre de travail, et il fut particulièrement impressionné par son intelligence et sa vivacité d'esprit. Cependant, il hésitait à offrir l'emploi à qui que ce soit, y compris Helen, car les détails du programme étaient encore extrêmement nébuleux. Aucune décision n'avait été prise concernant les lieux de travail et les espaces de bureau ; le salaire pour le poste particulier qu'elle occuperait n'était pas encore fixé ; et les responsabilités qu'il comportait n'avaient pas été clairement définies. Par conséquent, Bill était forcé de rester vague lorsqu'il discutait du programme avec Helen. Malgré tout cela, et malgré le fait que Bill l'encourageait presque à décliner l'offre, Helen l'accepta et promit d'être au bureau le lundi suivant.

2

Helen Schucman, dont le nom de jeune fille était Helen Cohn, est née à New York le 14 juillet 1909. Grâce à son père, un chimiste très prospère, la famille d'Helen put jouir d'un style de vie étonnamment confortable, même durant la grande dépression des années 30. Ce train de vie comprenait les services d'un cuisinier et d'une bonne qui aidaient à la tenue du dix pièces qu'ils occupaient, de même que l'emploi d'une gouvernante qui s'occupa d'Helen jusqu'à l'âge de six ans.

Helen et sa gouvernante vivaient à un bout de l'appartement où ils partageaient une chambre à coucher, un salon et une salle de bain. À l'autre bout de l'appartement vivait le reste de la famille, c'est-à-dire sa mère, son père et son frère, lequel avait peu de choses en commun avec une sœur de quatorze ans sa cadette.

Puisque les autres membres de la famille semblaient avoir leur propre vie à vivre, Helen passait la majorité de son temps, avant d'avoir l'âge scolaire, et la plupart de ses temps « libres » après avoir commencé l'école primaire, avec sa gouvernante, un dame anglaise dans la cinquantaine qu'Helen connaissait seulement sous le nom de « Miss Richardson ». Bien qu'Helen et Miss Richardson fussent en bons termes, leur relation n'avait rien d'intime ; ce qu'Helen préférait chez Miss Richardson, c'était son accent british.

Le soir, après avoir mis Helen au lit, la gouvernante avait officiellement terminé sa journée. Elle était libre de sortir, mais elle restait généralement au salon jusqu'à ce qu'elle-même allât se coucher. Quand Miss Richardson sortait, Helen restait éveillée jusqu'à ce que sa gouvernante fût rentrée. D'une part, elle ne voulait pas dormir seule ; d'autre part, elle était fascinée par le rituel qu'accomplissait chaque soir Miss Richardson.

Avant de se coucher, Miss Richardson s'agenouillait et se mettait à murmurer toute seule pendant quelque temps. C'est une chose qu'elle avait toujours faite, d'aussi loin que je me souvenais. J'ai toujours voulu lui en parler, mais il m'a fallu plusieurs années avant d'avoir assez de courage pour le faire. Miss Richardson m'a expliqué qu'elle était catholique et que chaque soir avant de se coucher elle récitait son chapelet. Je lui ai demandé ce qu'était un chapelet et elle m'a montré le sien. Il était fait de jolies perles bleues et il m'a plu. J'ai pensé que ce devait être une bonne chose à avoir, qui était même peut-être un peu magique. J'ai demandé à Miss Richardson si je pouvais en avoir un, mais elle m'a dit que c'était pour les catholiques seulement. J'ai dit que ma mère m'en achèterait peut-être un, mais Miss Richardson a répliqué qu'il valait mieux ne pas lui en parler. En fait, dit-elle, ce serait notre secret, et je lui ai promis de n'en parler à personne.

Nous avions elle et moi un autre secret. Celui-là concernait nos sorties du dimanche matin. Au lieu d'aller au parc, comme d'habitude, nous allions à l'autre bout de la ville pour que personne ne nous voie. Puis nous allions dans l'un des endroits les plus beaux que j'avais jamais vus. Miss Richardson m'avait dit qu'il s'agissait d'une église catholique, mais je n'avais pas le droit d'y entrer puisque je n'étais pas catholique. J'avais promis de ne pas m'éloigner, alors je restais dans le vestibule jusqu'à ce que Miss Richardson ressorte. Pendant que j'attendais, cependant, je pouvais voir les fleurs, les chandelles et les statues par le petit espace entre les deux battants de la large porte qui s'ouvrait sur l'église. Parfois, j'entendais de la musique, et la voix d'un homme qui disait des choses que je ne comprenais pas. Une fois, je suis entrée dans une petite chapelle sur le côté de l'église. Il y avait là une statue d'une jolie dame, avec de la lumière autour de sa tête et à ses pieds un petit jardin garni de fleurs et de chan-

delles. Tout le monde qui était là avait des perles comme celles du chapelet de Miss Richardson, et j'ai décidé que je serais catholique quand je serais grande. Alors je pourrais entrer dans l'église et faire partie de ce que Miss Richardson faisait.

Les jours de semaine, quand Miss Richardson m'amenait au parc pour jouer, nous rencontrions toujours une de ses amies qui était aussi gouvernante et qui s'occupait d'une petite fille de mon âge. Nous avions l'habitude de jouer ensemble toutes les deux pendant que Miss Richardson et son amie s'assoyaient sur un banc pour parler. La petite fille, je l'ai su plus tard, était catholique. Elle avait un chapelet et fut très surprise d'apprendre que je n'en avais pas et ne savais même pas à quoi ça servait. Elle m'a expliqué, avec condescendance, que c'était pour faire une prière à la mère de Dieu. Je lui ai demandé qui était ce Dieu et elle fut réellement choquée par mon ignorance, car je ne savais presque rien à Son sujet. Elle m'a dit que Dieu était notre Père, et que nous pouvions Lui demander des choses et qu'Il nous les donnerait. Cela me paraissait absolument fabuleux ; je me demandais pourquoi on ne m'en avait pas parlé plus tôt !

J'ai demandé à la petite fille où était Dieu, parce que j'avais beaucoup de choses à lui demander. Elle a dit qu'il suffisait de fermer les yeux pour le voir. J'ai fermé les yeux, mais je ne voyais rien. Selon elle, c'était compréhensible : je n'étais pas catholique, alors à quoi pouvais-je m'attendre ? Elle m'a suggéré d'essayer la Vierge Marie, parce qu'elle était très bonne et qu'elle écoutait pratiquement tout le monde. Elle m'a dit que la Vierge Marie portait une robe bleue et un voile blanc, et je me suis rappelé la magnifique statue que j'avais vue dans l'église de Miss Richardson. J'ai fermé les yeux avec un peu plus de succès cette fois : j'ai cru voir un bout de voile blanc. La petite fille m'a dit que c'était un très, très bon début et m'a encouragée à continuer. « De toute façon, dit-elle, si tu ne le fais pas, tu vas aller en enfer et brûler pour les siècles et les siècles. »

J'étais tellement excitée au sujet du voile blanc que je n'ai plus pensé à cette dernière remarque avant d'être couchée dans mon lit ce soir-là. Puis je me suis mise à hurler. Miss Richardson m'a demandé ce que j'avais, et je lui ai dit que j'avais peur de l'enfer… que j'allais brûler pour l'éternité à moins d'être une catholique et d'avoir un chapelet. Miss Richardson était bouleversée. Finalement elle m'a dit qu'il faudrait que je parle à mes parents au sujet de la religion. Elle m'a dit qu'en général les gens ont la même religion que leurs parents, et que les miens pourraient probablement m'en dire plus. Elle a ajouté que je n'avais pas besoin de craindre l'enfer, parce qu'elle-même allait prier pour moi. Je l'ai remerciée abondamment et lui ai fait promettre de ne pas oublier, puis j'ai décidé d'aller parler de ma religion à mes parents immédiatement.

Je me suis glissée le long du corridor jusqu'à la salle de séjour où mon père était assis seul à lire le journal. Je l'ai observé du seuil de la porte pendant un long moment avant d'entrer. Mon père a levé les yeux et a semblé surpris.

« Il y a quelque chose qui ne va pas ? dit-il. Miss Richardson n'est pas là ? »

Quand je lui ai dit qu'elle était là, il m'a répondu : « Ah… Eh bien, ta mère est sortie, et je ne crois pas qu'elle va revenir bientôt. » Il a repris son journal comme si la conversation était terminée. Mais je restais là. Je ne le connaissais pas très bien et je ne savais pas trop comment commencer, mais je savais que je devais en savoir plus sur ma religion. Enfin j'ai lancé :

« Papa, vous êtes quoi ? »

« Je ne comprends pas, répondit-il, interloqué. Veux-tu dire que tu veux savoir ce que je fais ? »

J'ai dit peut-être. Mon père a dit qu'il était chimiste. Quand je lui ai demandé de m'expliquer ce que c'était, je n'ai pas compris ce qu'il disait. Mais je savais que ce n'était pas la réponse que je voulais. Alors je lui ai demandé s'il croyait en Dieu et s'il avait une religion. Il a répondu qu'il ne croyait pas en Dieu et que la religion ne l'intéressait pas particulièrement. Je lui ai demandé si cela signifiait que je n'avais pas de religion moi non plus, et il a répondu que chacun devait décider pour soi-même. Je lui ai demandé ce que ma mère avait décidé, et il m'a dit qu'il ne savait pas quelle était sa religion en ce moment. Il était évident que le sujet ne l'intéressait pas beaucoup. Néanmoins, je ne bougeais pas de là. Finalement, quand il a vu que j'avais vraiment quelque chose en tête, il a déposé son journal et m'a demandé de m'asseoir, après quoi nous avons eu peut-être la seule véritable conversation de toute notre vie.

J'ai commencé par lui dire que je voulais être catholique à cause de l'enfer. Mon père m'a dit qu'il ne croyait pas lui-même à l'enfer et qu'à son avis je n'avais pas trop à m'inquiéter. Il a ajouté qu'on pouvait même être une personne religieuse et ne pas croire à l'enfer, ce qui m'a beaucoup soulagée. Papa a dit qu'il avait d'abord été Juif quand il était petit garçon, parce que son père était Juif, et même si sa mère ne l'était pas, ça ne l'ennuyait pas. Je lui ai demandé, remplie d'espoir, si cela faisait de moi une Juive, mais il m'a seulement répondu que je ferais mieux d'y réfléchir. Puis je lui ai demandé s'il connaissait des prières juives. Il a réfléchi pendant ce qui m'a semblé plusieurs minutes, puis il a récité une prière qu'il avait apprise quand il était petit garçon. Elle commençait par : « Dieu d'Israël », et j'étais très impressionnée. Il a récité toute la prière, mais c'est tout ce dont je me suis souvenu.

Je lui ai demandé de me parler un peu de la religion de ma mère, mais il m'a dit qu'il n'arrivait pas à la suivre dans ses croyances, et qu'il avait cessé d'essayer depuis longtemps. Quand je lui ai demandé s'il était possible qu'elle décide d'être Juive elle aussi, mon père a ri plus fort que je ne l'ai jamais entendu rire. C'était peu probable, d'après lui. Sur ce, il est retourné à son journal.

Je suis revenue à ma chambre et j'ai dit à Miss Richardson que j'avais parlé à mon père, et que j'avais appris que j'étais Juive. Miss Richardson n'a rien dit du tout. Cette nuit-là, par contre, pendant qu'elle disait son chapelet, je me suis répété à moi-même « Dieu d'Israël » plusieurs fois. J'étais très excitée d'être Juive. Je soupçonnais depuis longtemps qu'il me manquait quelque chose, et maintenant que j'étais Juive j'étais convaincue que tout irait bien… mais je n'ai pas parlé de ma religion à ma mère, car j'avais peur qu'elle ne soit pas d'accord.

Miss Richardson est partie environ un an plus tard, et ma mère a décidé que je n'avais plus besoin d'une gouvernante rien que pour moi. J'allais à l'école depuis plus d'un an maintenant, et ma mère a dit que c'est elle désormais qui me conduirait le matin et qu'une nouvelle femme irait me chercher l'après-midi pour m'emmener au parc, mais qu'elle ne dormirait pas avec moi.

Je me sentais seule la nuit sans Miss Richardson. Je restais étendue dans le noir à réciter ma petite prière, mais ça ne m'aidait pas beaucoup. Je me suis dit que j'aurais peut-être avantage à apprendre le reste de la prière. Je ne sais pas pourquoi, mais je ne voulais pas redemander à mon père. Il penserait peut-être que j'aurais dû m'en souvenir, puisqu'il avait eu tant de mal à se la rappeler pour moi.

Puis le Dieu d'Israël m'a laissée tomber d'une manière terrible. J'avais peur de dormir seule la nuit, surtout quand mes parents étaient sortis. Il ne me venait pas à l'esprit d'aller parler à mon frère, alors j'ai trouvé un truc pour que ma mère reste à la maison. Quand je la voyais se préparer à sortir, je développais un mal de ventre terrible. La première fois que c'est arrivé, c'était vraiment vrai, et c'est ainsi que j'ai découvert que ma mère ne sortirait pas si j'étais malade. Naturellement, je me suis mise à avoir beaucoup de maux de ventre.

Le seul problème, c'est que ma mère m'a emmenée chez le docteur pour tenter de découvrir ce qui n'allait pas. Quand le premier docteur n'a rien trouvé, elle en a consulté un deuxième. Puis un troisième. Puis un jour, alors que ma mère s'apprêtait à m'emmener voir quelqu'un pour mon mal, j'ai remarqué qu'elle portait une petite valise. Quand je lui ai demandé pourquoi, elle m'a dit que j'allais dans un hôpital où un docteur me guérirait de mes maux de ventre. Je me doutais que les choses commençaient à mal tourner, mais comme je n'en étais pas sûre, je n'ai rien dit.

Quand nous nous sommes inscrites à l'hôpital, maman m'a dit que j'y passerais la nuit, et qu'elle resterait avec moi. Ça, j'aimais bien.

Mais le lendemain matin, ma mère et le docteur ont commencé à m'expliquer ce qui allait arriver. J'ai paniqué. Entre deux cris, j'ai avoué que je n'avais jamais vraiment eu mal au ventre, mais alors bien sûr ils ont cru que je le disais uniquement parce que j'avais peur de ce qu'on allait me faire – à moi et à mon appendice.

Il a fallu deux hommes en blanc pour me clouer à la civière qui m'emmenait à la salle d'opération où trois autres hommes en blanc m'attendaient. Deux des hommes m'ont retenue pendant que l'autre m'a mis un masque sur le visage. J'ai crié : « Dieu d'Israël ! » plusieurs fois tout en essayant de retenir ma respiration.

Quand je me suis réveillée, j'étais de retour dans ma chambre d'hôpital et je me sentais terriblement mal. J'ai eu un vrai mal de ventre pendant quelques jours, mais bientôt j'ai commencé à me sentir mieux et même à m'amuser un peu. Ma mère restait avec moi tout le temps et même mon père m'a rendu visite. Maman et moi avons parlé d'un tas de choses durant ce temps, et le dernier soir que nous avons passé à l'hôpital, je lui parlé de religion. Elle m'a dit qu'elle avait essayé plusieurs religions depuis qu'elle était petite, et qu'elle était maintenant une « théosophiste », mais qu'elle « cherchait » toujours. J'ai été surprise d'apprendre qu'elle avait déjà elle-même été presque Juive, car elle ne ressemblait pas du tout aux Juifs. Elle m'a dit que son père était un rabbin en Angleterre, mais qu'il venait d'une très bonne famille de toute façon. Elle a ajouté qu'elle avait aussi quelques parents qui n'étaient pas Juifs, ce qui semblait lui être d'un certain réconfort.

En attendant, après ce qui venait d'arriver, j'ai décidé que je ne voulais plus être Juive. Probablement qu'il n'y avait même pas de Dieu d'Israël, et c'est pourquoi mon père avait cessé de croire en lui. Je n'ai plus jamais cru en Dieu par la suite, bien que j'aie essayé très fort pendant très longtemps.

Helen ne s'est plus beaucoup intéressée à la religion ni inquiétée à ce sujet durant les cinq ou six années suivantes. Ce qui l'intriguait beaucoup plus, c'étaient les drôles d'images mentales qu'elle avait souvent, parfois les yeux fermés, parfois les yeux ouverts. Elles lui venaient quasiment à n'importe quel moment, mais elles n'interrompaient ni même ne dérangeaient jamais le moindrement ses autres activités. C'était comme s'il y avait constamment cette activité mentale en arrière-plan qui passait simplement au premier plan si elle choisissait d'y prêter attention. Les images pouvaient représenter n'importe quoi : une femme avec un chien ; des arbres sous la pluie ; une vitrine de magasin remplie de chaussures ; un gâteau de fête avec des bougies allumées. C'étaient des images fixes, en noir et blanc, qui apparaissaient comme une série de photographies sans lien entre elles. Parfois les images étaient complètement inédites – des scènes qu'elle ne reconnaissait pas. D'autres fois elle reconnaissait une partie d'une image qui s'apparentait à du connu, mais même dans ces cas-là, il y avait des détails qu'elle ne se rappelait pas avoir déjà vus.

D'aussi loin qu'elle pouvait se souvenir, Helen avait eu de ces images mentales, et il ne lui était pas venu à l'esprit que tout le monde n'était pas comme elle. De fait, c'est seulement à l'âge de onze ans, quand elle a demandé à une petite amie de lui parler de ses images à elle, qu'elle apprit que son amie n'avait aucune idée de ce dont elle parlait. Helen pensait que son amie la taquinait, et ce n'est qu'en parlant à ses autres compagnes de classe qu'elle se rendit compte que son don était unique. Bien qu'elle fût très surprise de l'apprendre, elle ne fut pas troublée outre mesure par cette révélation, et elle continua simplement d'apprécier ses images mentales quand elles lui venaient.

Son intérêt pour Dieu et la religion se raviva quand elle atteignit l'âge de douze ans. Ses parents ayant projeté de passer l'été en Europe, ils décidèrent d'emmener Helen. Le voyage fut sans histoire pour elle, jusqu'à la dernière étape du parcours : Lourdes.

La grotte lui fit une forte impression, de même que la statue de la Vierge Marie et les amas de béquilles et d'appareils orthopédiques que les guéris avaient laissés derrière eux.

De notre chambre d'hôtel, je pouvais voir la statue de la Vierge Marie. Chaque soir, je sortais et j'allais voir la statue de plus près, le rocher sur lequel elle reposait et l'eau spéciale qui jaillissait du rocher – l'eau qui aidait les gens à guérir. Et je pensais aux béquilles, aux appareils orthopédiques et aux milliers de personnes qui venaient ici et qui croyaient. Pouvaient-elles toutes se tromper ?

Je me suis soudain souvenu de Miss Richardson et de son chapelet. De tous les coins du monde, c'était sûrement le meilleur pour y acheter un chapelet et le mettre à l'essai.

Quand je suis retournée à l'hôtel ce soir-là, j'ai trouvé mon père assis seul dans la chambre en train de lire un livre. Je me suis tenue debout à ses côtés pendant quelque temps, et quand j'ai vu qu'il continuait sa lecture, je lui ai dit que je voulais acheter un chapelet. Il a mis la main dans sa poche et m'a donné l'argent sans même lever les yeux de son livre. J'ai pensé lui demander si ça le dérangeait, mais j'ai plutôt dit merci simplement et j'ai quitté la pièce.

Le lendemain matin, j'ai demandé à ma mère de venir avec moi acheter le chapelet. J'ai aussi acheté une petite médaille de la Vierge Marie, et nous avons apporté les deux objets à un prêtre qui les a bénis. Nous sommes restées pour la messe à la grotte et pour la magnifique cérémonie qui a suivi. C'était le samedi et il y avait encore plus de fleurs et de processions que d'habitude. Il y avait des gens partout qui priaient. Tout cela était très, très beau. J'ai demandé à ma mère si elle avait déjà été catholique et elle m'a dit que non. Mais j'ai senti qu'elle commençait à y songer.

Cette nuit-là, je suis restée éveillée dans le noir avec mon chapelet dans une main et ma médaille au cou, et j'ai pensé à Dieu et à Miss Richardson et à la Vierge Marie. Soudain une idée m'est venue. C'était un endroit merveilleux et il se pouvait que j'obtienne un miracle si je le demandais. Et alors je croirais en Dieu et je deviendrais une catholique. Je suis sortie sur le balcon et j'ai regardé en direction du rocher.

« S'il vous plaît, Dieu, je ne suis pas une catholique, mais si tout cela est vrai, voudriez-vous m'envoyer un miracle pour que je croie en vous ? »

J'avais déjà décidé ce que serait le miracle. J'allais fermer les yeux et dire trois Je vous salue Marie ; s'il y avait un météore dans le ciel quand j'ouvrirais les yeux, ce serait un miracle. Je ne m'attendais pas vraiment à voir un météore, mais j'ai fermé les yeux et récité trois Je vous salue Marie. Quand j'ai rouvert les yeux le ciel était rempli d'étoiles filantes. Je regardais bouche bée, puis j'ai murmuré : « C'est un miracle. Dieu l'a envoyé. Regardez, regardez, c'est mon miracle ! »

J'ai regardé sans bouger jusqu'à ce que les étoiles aient pâli et que le ciel soit redevenu noir. Puis je me suis souvenu. Notre guide nous avait dit que c'était le temps de l'année pour les pluies d'étoiles filantes dans cette partie du globe, et qu'elles étaient fréquentes. Ce n'était pas du tout un miracle. Je n'avais jamais vu de pluie d'étoiles filantes auparavant, et c'est pourquoi je ne l'avais pas reconnue tout de suite. Puis j'ai eu une autre pensée. N'était-ce pas un miracle que je demande à voir un météore juste au moment où une pluie d'étoiles filantes s'apprêtait à tomber ? Après tout, je ne pouvais pas savoir que cela allait se produire à cet instant précis. Peut-être était-ce un vrai miracle après tout… Mais je n'arrivais plus à m'en convaincre vraiment. J'étais devenue très sceptique sur toute l'affaire. Je me suis même un peu fâchée.

Peut-être, me suis-je dit, que l'eau et les guérisons et les béquilles étaient comme la pluie d'étoiles filantes. Les gens croyaient simplement que c'étaient des miracles. Ils pouvaient tous avoir fait comme moi. J'étais sur le point de conclure là-dessus quand une autre pensée m'est venue qui m'a rendue très mal à l'aise. J'avais dit à Dieu que si je voyais un météore en ouvrant les yeux, ce serait un miracle. S'il y avait un Dieu, Il n'aimerait peut-être pas beaucoup comment j'accueillais Son miracle. Si Dieu avait pris la peine d'envoyer un miracle juste pour moi, Il ne serait peut-être pas très heureux de tout ce scepticisme. Et s'il y avait un Dieu, alors il y avait peut-être aussi un enfer pour les gens qui ne L'appréciaient pas.

À force d'arguments, j'ai fini par me sortir de ce dilemme, mais je suis restée un peu gênée. Je me suis persuadée que si Dieu avait pris la peine de m'envoyer un miracle, Il aurait aussi eu assez de jugeote pour faire en sorte que j'y croie. Puisque je ne croyais pas vraiment à celui-là, ça ne pouvait pas avoir été un véritable miracle. De toute façon, j'ai décidé que je n'avais pas besoin de me faire une idée définitive maintenant. J'y repenserais plus tard quand je ne serais pas aussi fatiguée.

Un an après ce voyage en Europe, le frère d'Helen se maria, et la famille emménagea dans un plus petit appartement. Idabel, la bonne qui était déjà avec la famille avant la naissance d'Helen, les suivit. Helen et elle étaient bonnes amies depuis plusieurs années, mais la nouvelle situation les fit se rapprocher encore davantage. Elles passaient beaucoup de temps à parler « de choses et d'autres », l'une de ces choses étant la religion. Idabel était baptiste, et elle confia à Helen que même si son Église croyait officiellement à l'enfer, elle-même pensait que Dieu était bon et qu'Il veillait toujours à ce que les choses s'arrangent pour le mieux à la fin. Cela rassura Helen, qui se mit à lire la Bible chaque soir avec Idabel.

Un dimanche, Idabel demanda à Helen de l'accompagner à son église, qui était passablement loin du quartier où elles habitaient. Helen était extrêmement enthousiaste à cette idée, et quand elles arrivèrent à l'église, elle avait très hâte que l'office commence.

Les gens dans l'église d'Idabel avaient non seulement une couleur de peau différente d'Helen, mais ils chantaient des chansons qui étaient aussi très différentes de tout ce qu'Helen avait entendu jusque-là. Ils les chantaient maintes et maintes fois, en commençant doucement, puis de plus en plus fort à chaque reprise. Quand ils ont commencé à battre des mains et à taper du pied au rythme de la musique, Helen comprenait parfaitement la joie qu'ils ressentaient. Mais le plus impressionnant, c'est qu'elle pouvait dire, rien qu'à les voir chanter et psalmodier, que ces gens étaient très amis avec Dieu.

Je m'étais toujours adressée à Dieu d'une façon très formelle, avec beaucoup de respect, et je ne savais trop quoi penser de cette nouvelle approche. Mais les chants devenant de plus en plus émouvants, je me suis surprise à taper des mains et à chanter à voix haute comme tout le monde.

Enfin, quand le pasteur a fait son discours, il nous a parlé de Dieu, du Ciel et du Salut. Et il a répété plusieurs fois que la foi était la seule chose nécessaire. Après son discours, nous avons chanté encore un peu, et quand nous sommes sortis de l'église le pasteur se tenait dehors pour serrer la main de tout le monde. Quand mon tour est venu, il m'a demandé si j'avais aimé l'office, puis il m'a tapé sur l'épaule en disant que je devrais revenir.

Puisque j'avais reçue une invitation spéciale du pasteur lui-même, je suis allée à l'église avec Idabel le plus souvent possible. À l'intérieur de l'église, je priais et je chantais comme tous les autres, mais à l'extérieur, quand j'essayais de parler à Dieu, je n'étais jamais sûre s'il y avait quelqu'un qui écoutait. Il manquait quelque chose. Et puis un jour, soudainement, j'ai compris ce que c'était. Idabel m'a emmenée un dimanche à une cérémonie de baptême. Mon ami, le pasteur, a dit : « À moins d'être baptisé, on ne peut pas avoir le cœur pur ; et à moins d'avoir le cœur pur, on ne peut pas voir Dieu. » « Voilà, me suis-je dit. Il faut être baptisé pour voir Dieu. Voilà ce qui me manquait. »

J'ai dit à Idabel qu'il fallait que je sois baptisée et elle a répondu que nous devrions en parler au pasteur après la cérémonie. Il a été très gentil. Il était aussi d'avis que je devais être baptisée, mais il ne savait pas s'il devait le faire. Quand je lui ai demandé pourquoi, il a répondu que lorsqu'un pasteur vous baptise, vous êtes censé vous joindre à sa paroisse, et il pensait que je ferais peut-être mieux d'être baptisée dans une église qui était plus près de chez moi.

Je n'avais pas imaginé que de se joindre à une église faisait partie du baptême, et j'y ai réfléchi longuement à la maison. Je me disais qu'il fallait au moins croire en Dieu avant de faire un aussi grand pas que de se joindre à une église. Quand j'en ai parlé à Idabel, elle m'a dit qu'elle connaissait un pasteur qui voudrait bien me baptiser sans que j'aie à me joindre à son église ; aussi, le dimanche suivant, nous sommes allées rencontrer celui qu'Idabel appelait un « évangéliste du Seigneur ». Il était d'accord pour me baptiser, certes, mais il croyait que je devrais d'abord en parler à mes parents et surtout à mon père, lequel, étant Juif, n'aimerait peut-être pas beaucoup cette idée.

Je ne m'attendais à aucune opposition de la part de ma mère, qui a beaucoup aimé l'idée et a promis de m'acheter le petit livre que je voulais tant. Mon père m'inquiétait plus. Il était difficile de savoir ce qu'il pensait à n'importe quel sujet. Quand je l'ai vu après le dîner assis dans sa chaise en train de lire le journal, je me suis glissée dans la pièce en cherchant la meilleure façon de l'aborder. Je ne trouvais rien. Alors j'ai dit simplement : « Papa, j'ai décidé de me faire baptiser. »

Papa a tourné la tête et m'a regardée sans déposer son journal. « Si c'est ce que tu veux, dit-il comme si de rien n'était, alors vas-y. »

« Ça ne vous gêne pas ? »

« Moi ? Pourquoi ça me gênerait ? »

Je n'étais toujours pas satisfaite. « Vous êtes sûr ? »

Mon père m'a assurée qu'il était bien certain que ça ne lui faisait rien. Je suppose que j'aurais dû être contente ; j'avais obtenu ce que je voulais, et je ne comprenais pas pourquoi je me sentais si malheureuse. Papa n'avait plus rien à dire, de toute évidence, et je suis partie très vite parce que je ne voulais pas lui laisser voir que j'avais les larmes aux yeux. Le lendemain je suis allée voir le pasteur pour lui dire que mes parents ne s'opposaient pas à ce que je sois baptisée, et celui-ci m'a dit qu'il m'inclurait dans la cérémonie de baptême prévue pour le dimanche suivant. Il m'a dit de prier en attendant, et je lui ai répondu que je ferais de mon mieux. Il m'a dit que c'est tout ce qu'il fallait.

Idabel est venue à mon baptême en tant que témoin et amie. Elle m'a aidée à me préparer et à enfiler ma robe blanche. Elle était très excitée, elle disait que j'allais vivre la plus belle expérience de ma vie. J'espérais qu'elle disait vrai. Après la cérémonie, je me suis rhabillée et j'ai été chercher mon certificat de baptême au bureau du pasteur, pendant qu'Idabel mettait les vêtements trempés dans un sac que nous avions apporté. Quand le pasteur m'a demandé d'épeler mon nom de famille, j'ai donné le nom de fille de ma mère. J'ai senti le sang me monter au visage, je ne comprenais pas ce qui venait de se passer, mais j'étais trop gênée pour corriger l'erreur. Quand le pasteur m'a remis mon certificat, je l'ai caché dans ma sacoche et j'ai couru retrouver Idabel. Je n'ai jamais montré le certificat à personne.

En arrivant chez moi, j'étais découragée. Rien n'avait changé. J'avais été baptisée, mais rien n'avait changé. Je ne pouvais toujours pas voir Dieu.

J'ai continué pendant encore quelque temps d'aller à l'église régulièrement avec Idabel, juste au cas où il fallait donner au baptême le temps de faire effet. Puis j'y suis allée plus irrégulièrement, puis plus du tout. J'ai dit à Idabel que je n'avais pas la foi, tout simplement. Elle a dit que c'était probablement l'œuvre du diable et elle a promis de prier pour moi. Je l'ai remerciée pour ses prières et j'ai rarement repensé à mon baptême par la suite.

N'ayant pu trouver la foi dont elle avait besoin pour se rapprocher de Dieu, Helen en conclut que la seule réalité à laquelle elle pouvait maintenant croire était la réalité rationnelle, logique. En conséquence, elle décida de devenir une « intellectuelle » et se mit à lire insatiablement. Elle avait amplement le temps de lire puisqu'elle avait pris énormément de poids durant la pré-adolescence, et les garçons de sa classe ne semblaient pas particulièrement intéressés à courtiser les grosses filles.

Quand elle entra à l'Université de New York, Helen avait perdu cet excès de poids, mais elle avait passé pratiquement toute sa carrière à l'école secondaire sans créer le moindre lien avec ses pairs. Par conséquent, elle se sentait très malhabile en société et elle n'avait jamais beaucoup à dire à ceux qu'elles côtoyaient dans le cadre de ses études.

Par contre, ses professeurs la considéraient comme une élève particulièrement douée. Ils avaient rarement vu une étudiante de premier cycle qui eût tant lu et pût discuter aussi intelligemment d'un aussi grand nombre de sujets académiques.

Au premier cycle, Helen se spécialisa en anglais, ce qui plut à sa mère puisqu'Helen avait indiqué à sa famille qu'elle entendait devenir professeur d'anglais, tout comme sa mère l'avait été avant son mariage. La véritable ambition d'Helen, toutefois – dont elle ne disait mot à personne – était de devenir un auteur célèbre, ou plus précisément : une romancière mondialement connue.

Pour Helen, c'était un but étrange, puisqu'elle avait beaucoup de difficulté à écrire. De plus, elle était si sensible à la critique que même lorsqu'elle réussissait à écrire quelque chose, il arrivait plus souvent qu'autrement qu'elle le cache et refuse de le faire lire à qui que ce soit – y compris à son professeur en classe d'écriture créatrice.

Cependant, elle continuait de lire beaucoup de philosophie et de littérature, s'absorbant volontiers dans les systèmes de pensée, dans les lois du raisonnement et dans la logique en particulier. Quant à cette affaire qu'on appelle « vivre », elle y prêtait aussi peu attention que possible.

En deuxième année d'université, Helen rencontra un jeune homme, Louis Schucman, qui travaillait à la bibliothèque universitaire. C'était lui aussi un « intellectuel », et ils se mirent à discuter longuement de livres et de philosophie. À un mètre soixante, Louis mesurait seulement une dizaine de centimètres de plus qu'Helen, et il avait toujours été plutôt timide et maladroit avec les femmes. Il était ravi d'en trouver une qui ne le rendait pas mal à l'aise.

Louis et Helen commencèrent par prendre le lunch ensemble chaque jour, et au bout de trois mois il lui demanda de l'épouser. C'était la première offre qu'elle eût jamais reçue, et c'était la première qu'il eût jamais faite.

La mère d'Helen, bien qu'hésitante parce que Louis était Juif, était néanmoins très enthousiaste à l'idée de ce mariage. Le père d'Helen, par contre, répondit qu'il connaissait à peine le jeune homme et qu'il pouvait difficilement avoir une opinion sur la question.

Pour faire plaisir aux parents de Louis, Helen et lui acceptèrent de tenir la cérémonie dans le bureau d'un rabbin. Helen était beaucoup trop nerveuse pour vouloir quelque chose de compliqué, et elle demanda au rabbin de les marier le plus vite possible. Ce fut terminé en moins de dix minutes, après quoi Helen et Louis retournèrent à leurs maisons respectives pour continuer à étudier en vue des examens de fin d'année.

Le fait d'être mariée ne changea presque rien à la vie d'Helen au début. Il lui restait deux ans à faire à l'université, et quand Louis obtint son diplôme deux semaines après leur mariage, il emménagea avec Helen et ses parents. Il n'avait pas assez d'argent pour faire vivre sa femme dans leur propre appartement puisqu'il avait investi le peu qu'il avait accumulé dans une librairie qu'il venait d'ouvrir au centre ville de Manhattan.

Cet arrangement convenait parfaitement à Helen. Son mari était occupé à ses livres et elle, à ses études. Les repas, qu'Idabel préparait, étaient toujours à l'heure, et le père d'Helen jouait aux échecs avec Louis chaque soir.

Helen aurait probablement été ravie de voir la situation durer indéfiniment, mais peu de temps après qu'elle-même eut reçu son diplôme, les jeunes mariés furent forcés de louer un petit appartement quand la mère d'Helen tomba gravement malade et décida sur les conseils de son médecin de s'épargner la pression de tenir maison.

Les parents d'Helen emménagèrent dans un hôtel, de sorte qu'ils n'avaient plus besoin des services d'Idabel. Cependant, puisqu'elle avait été à leur emploi pendant près de vingt ans, ils se sentaient responsables de son sort. Ils décidèrent donc de continuer à la payer pour qu'elle s'occupe de l'appartement d'Helen. Helen, qui ne savait pas faire cuire un œuf, littéralement, était extrêmement reconnaissante à ses parents de leur générosité.

Une fois diplômée, Helen tenta de travailler à la librairie, mais il devint évident après la première semaine que le métier de libraire était pour elle particulièrement insatisfaisant, déplaisant et irritant. Néanmoins, elle continua d'aller à la librairie pendant près d'un an, puis elle tomba malade et le docteur lui apprit qu'elle devrait subir une opération. Cette perspective l'effrayait tant qu'elle commença à faire des cauchemars où on la tenait de force sur une table tout en appliquant des masques sur son visage. Elle résista à l'opération pendant des mois, jusqu'à ce qu'elle fût trop atteinte pour différer davantage. Elle en discuta alors avec son médecin qui lui assura que la procédure était très simple et qu'elle serait remise sur pied en moins d'une semaine. Puisqu'elle était trop malade pour continuer à atermoyer, elle entra à l'hôpital le lendemain.

> *Ce soir-là, je me suis assise toute seule et j'ai essayé de m'organiser. Ç'aurait été beaucoup plus facile, pensais-je, si j'avais cru que Dieu allait prendre soin de moi. Je supposais qu'il pouvait encore y avoir de minces chances qu'Il existe, après tout. Certes, que je crusse ou non en Lui ne changeait rien à Son existence dans un sens ni dans l'autre. De toute façon, il n'y avait pas de mal à tenter d'en arriver à un compromis raisonnable. J'allais remettre l'opération entre Ses mains au cas où Il existerait, et si les choses se passaient bien je pourrais peut-être me remettre à croire en Lui. Je n'avais rien à perdre. Alors j'ai récité le Notre Père, j'ai remis l'opération entre les mains de Dieu et je me suis rendue à l'hôpital le lendemain avec la médaille de la Vierge Marie au cou.*

En réalité, tout a mal tourné. Je suis restée inconsciente pendant très longtemps et je ne suis sortie de l'hôpital qu'après quatre mois. L'une des infirmières qui prenait soin de moi était catholique et très religieuse. Elle pensait que j'étais catholique aussi, à cause de la médaille que je portais. Elle m'a dit qu'elle avait prié pour moi tous les jours et qu'elle avait payé une messe de remerciement quand j'avais finalement repris conscience. Dieu avait été bon pour moi, dit-elle, et c'était un véritable miracle que je m'en sois sortie. Je ne voyais pas les choses de cette façon. Toute l'affaire m'avait mise très en colère, et je le suis restée durant des années. Si c'est ainsi que Dieu pensait arranger les choses pour le mieux, Il avait de drôles d'idées. L'infirmière n'était pas d'accord et elle m'a dit plutôt rudement qu'elle allait continuer à prier pour moi de toute façon. J'ai répondu que je ne pouvais pas l'empêcher de prier, mais que j'apprécierais qu'elle s'abstienne de demander à Dieu un autre miracle au moins tant que je ne serais pas assez forte pour encaisser celui-là. De fait, j'étais prête à attendre le prochain miracle très longtemps, et je lui ai suggéré de dire à Dieu de ne pas se presser. Ce dont j'avais réellement besoin, c'était de me rétablir et de quitter l'hôpital, or je ne pensais pas que des prières pourraient m'aider.

Durant ces longues journées à l'hôpital, j'avais terriblement hâte de partir, mais quand j'ai enfin été de retour chez moi, je n'étais pas plus heureuse. Je me sentais abandonnée de la terre comme du Ciel. J'ai été malade pendant très longtemps, mais à un moment donné j'ai été forcée de reconnaître que j'allais mieux physiquement et j'ai dû déclarer un moratoire sur mon invalidité, décision que j'aurais pu prendre bien avant, selon le docteur. Mais cela m'a mise dans une situation très difficile. La maladie avait été l'équivalent d'un lieu de vacances loin de mes problèmes, mais au retour les problèmes étaient toujours là, et le fait d'être en colère n'aidait pas à les résoudre.

Il m'est finalement apparu qu'il se pouvait que je n'aie pas regardé les choses de la bonne façon. Ayant fait cette concession, j'ai commencé à passer toute ma vie en revue jusqu'à maintenant, et entre autres choses j'ai révisé ma longue et capricieuse quête de Dieu. Il était clair que je n'avais fait aucun progrès de ce côté. J'admettais que la faute m'en revenait peut-être. Peut-être, comme l'avait dit l'infirmière à l'hôpital, est-ce que je n'appréciais pas tout ce que Dieu avait fait pour moi. Je me souvenais que j'avais déjà eu du mal à accepter un miracle. Néanmoins, chacun mène sa barque comme il peut, et à ma façon je sentais que j'avais fait de mon mieux. Il ne servait à rien de spéculer sur la façon dont les choses se seraient déroulées si j'avais entrepris ma quête différemment. Si Dieu existait, ce dont je doutais fort, Il pourrait fort bien un jour soulever Lui-même la question de la religion. S'il n'existait pas, alors c'était comme ça, voilà tout. Quant à moi, la quête était terminée.

Je me rendais compte, bien sûr, la question de Dieu mise à part, qu'il y avait d'autres problèmes dont j'avais trop longtemps négligé de m'occuper. D'abord, il y avait l'affaire de mon mariage. Après tout, j'avais un mari, et il était temps que je commence à penser à lui. J'ai décidé que c'était quelqu'un de très bien. Il n'était pas Dieu, bien sûr, mais c'était sans doute une bonne chose, après tout. Et il semblait être le genre de personne avec qui il est possible de créer une bonne relation. Il faudrait du temps, naturellement, et ce serait difficile par moments, mais je me suis dit qu'il valait mieux m'y mettre dès maintenant.

Cela n'était toutefois que l'une des mesures que je devais prendre, car je m'étais également rendu compte que je devais trouver une bonne façon de passer le reste de ma vie sur terre. Il était clair pour moi que ce serait difficile, puisque je savais encore très peu de choses sur le monde. Je savais que le seul rôle d'« épouse » ne me satisferait pas, d'autant plus qu'Idabel s'occupait déjà des tâches domestiques et que nous n'avions pas d'enfant pour meubler mon temps. Au début j'ai réessayé de m'intéresser à la librairie. Mon mari, qui avait passé une partie de ses études à faire l'école buissonnière pour aller lire dans les bibliothèques publiques, avait amassé une impressionnante collection, mais il me semblait qu'il était encore bien plus intéressé à acheter et à lire les livres qu'à les vendre. Néanmoins nous parvenions à survivre, et les finances n'étaient pas un réel problème : en général, mon père était toujours prêt à nous aider si nous avions vraiment besoin de quelque chose. Mais s'il était évident que mon mari était à sa place dans le monde des livres, il était aussi évident que je ne l'étais pas. Je me suis mise à fréquenter la librairie de moins en moins souvent ; et quand j'y allais, c'était ordinairement pour me disputer avec mon mari. Nous ne pouvions tout simplement pas nous entendre en affaires. Je commençais à me sentir coincée dans une mauvaise situation, sans une idée claire de la façon d'en sortir.

Pour un temps, il sembla que ma quête terrestre était vouée à se terminer aussi infructueusement que ma quête du Ciel. Or, malgré ma dépression grandissante, je devais reconnaître que j'étais remarquablement libre de faire ce qui me plaisait. Mon mari m'encourageait activement à planifier une carrière indépendante, et mon père m'avait dit qu'il était prêt à payer les dépenses que cela entraînerait. Le problème est que je n'arrivais pas à me faire une idée de ce que je voulais faire. Il était clair que je ne deviendrais pas le grand écrivain dont j'avais rêvé. Toutefois, je continuais d'envisager diverses carrières uniquement au niveau du fantasme, sans considérer sérieusement la nécessité d'entreprendre une formation réaliste. De fait, à cette époque, il y avait déjà dix ans que j'avais quitté l'université, et j'étais effrayée à l'idée de retourner aux études. La vérité est que j'avais développé une peur terrible de l'échec.

Mon mari faisait preuve d'une patience exemplaire durant nos fréquentes et longues discussions au sujet de ma carrière virtuelle, mais j'étais si incertaine qu'il a fallu un autre dix ans avant d'arriver à quelque décision que ce soit.

> *Et même après que j'eus plus ou moins décidé de devenir psychologue, mes efforts se sont limités pendant longtemps à des discussions avec mon mari, à écrire pour recevoir les catalogues des cours et à discuter des possibilités de formation avec des orienteurs. En fait, je ne savais pas ce qu'était réellement la psychologie ; je n'avais que la vague idée que j'y trouverais certaines des réponses dont j'avais besoin. J'ai finalement décidé de surmonter mes craintes et d'entreprendre des études supérieures, mais au prix de perdre temporairement toute modération dans l'entreprise. Je suis retournée aux études en étant férocement décidée à obtenir les meilleures notes. Ayant échoué dans ma quête du Ciel, j'étais bien déterminée à réussir sur terre.*

Même si Helen considérait sa quête de Dieu comme une affaire classée, la religion elle-même demeura un sujet fort important dans sa vie. Plus elle avançait vers son doctorat, plus elle s'armait de « faits » et de munitions « scientifiques » dont elle croyait avoir besoin pour vaincre les dernières traces de superstition qui lui restaient. Ainsi elle sentait qu'elle pouvait considérer toute chose d'une manière hautement réaliste. Ces mêmes « faits » furent à l'origine d'un changement dans son système de croyance qui passa progressivement d'un agnosticisme dépourvu de passion à un athéisme revanchard. De fait, même avant de recevoir son doctorat, elle n'était pas seulement prête mais elle avait hâte d'en découdre avec quiconque professait des idées même très légèrement teintées de religiosité.

Malgré, ou peut-être à cause de cette attitude, une série d'événements surprenants commencèrent à se produire dans sa vie. Le premier arriva par un soir glacial d'hiver alors qu'Helen et Louis prenaient le métro pour aller rendre visite à des amis. C'était une long trajet et Helen détestait le métro. Le fait qu'ils avaient dû attendre quinze minutes au froid sur le quai n'avait pas aidé à lui remonter le moral. Puis le train arriva enfin, mais il était bondé et il ne restait plus de place assise. Quand ils obtinrent enfin des sièges, Helen se sentait particulièrement colérique et particulièrement à plaindre, surtout que Louis s'était aussitôt plongé dans la lecture de son journal, ignorant totalement sa « douleur ». En regardant autour d'elle dans le wagon, elle ne vit que des personnes d'apparence misérable, aux vêtements miteux et sales. Devant elle, un enfant avec une tablette de chocolat tripotait le visage de sa mère ; quelques sièges plus loin, un autre enfant ramassait un gomme à mâcher qui était collée au plancher et la mettait dans sa bouche ; et à l'autre bout du wagon, un groupe d'hommes âgés à moitié ivres se disputaient bruyamment. Helen ferma les yeux, dégoûtée au point d'en avoir mal au ventre.

Puis quelque chose d'étonnant arriva.

Une lumière aveuglante se mit soudain à resplendir derrière ses paupières et lui remplit l'esprit complètement. Sans ouvrir les yeux, elle distingua une silhouette, qu'elle reconnut comme étant elle-même, qui marchait directement vers la lumière. La silhouette semblait savoir exactement ce qu'elle faisait ; elle s'arrêta de marcher puis s'agenouilla, touchant le sol avec les coudes, les poignets et le front dans ce qui ressemblait à une attitude orientale de profonde révérence. Puis la figure se leva, se dirigea sur le côté et s'agenouilla à nouveau, cette fois en penchant le front comme si la tête reposait contre un immense genou. Le contour d'un bras énorme semblait l'avoir enlacée ; puis elle disparut. La lumière devint plus brillante encore, et Helen sentit qu'un amour incroyablement intense en émanait. C'était une sensation si puissante qu'elle en perdit le souffle et ouvrit les yeux.

Elle vit la lumière encore un instant, instant durant lequel elle aima tous les gens dans ce wagon avec la même incroyable intensité. Puis la lumière s'estompa et la vieille réalité, laide et crasseuse, lui revint. Le contraste était vraiment choquant, et il lui fallut quelques minutes pour reprendre ses esprits. Puis elle tendit une main hésitante vers Louis.

« Je ne sais pas comment l'expliquer, dit-elle d'une voix tremblante. C'est difficile à décrire… mais, euh… » Elle hésita un moment, ne sachant trop quoi dire. « Eh bien, j'ai vu une lumière intense d'où déferlaient des vagues et des vagues d'amour, et quand j'ai ouvert les yeux j'aimais tout le monde. Puis tout a disparu… le sentiment, tout. Je ne comprends pas ce qui s'est passé. »

Louis, qui avait beaucoup lu sur le mysticisme au fil des ans, ne sembla pas terriblement surpris. « Ne t'en fais pas, dit-il pour la rassurer. C'est une expérience mystique assez commune. N'y pense plus. » Et il retourna à son journal.

Helen suivit son conseil, mais avec plus ou moins de succès. Elle n'y pensa plus pendant des années, mais l'expérience demeurait enfouie quelque part au fond de son esprit, attendant seulement pour sortir de l'oubli qu'un événement de même nature se produise un jour. Entre-temps, Helen continua ses études, inébranlable dans son athéisme.

Helen obtint son doctorat en 1957 et fut élue membre honoraire de la société scientifique Sigma Xi. Aussitôt après, quelques opportunités se présentèrent, qu'elle ignora. Un projet de subvention basé sur sa thèse de doctorat fut soumis par l'université, et l'octroi de fonds fut approuvé. Quand elle soumit des propositions additionnelles, toutefois, sa chance sembla tourner, et elle se retrouva sans emploi quand celles-ci furent rejetées.

Helen savait qu'avec les excellents contacts qu'elle s'était faits, elle n'aurait pas de mal à obtenir une offre pour une autre position. Cependant, durant plusieurs semaines, elle ne fit rien, se contentant de se plaindre du mauvais sort et devenant de plus en plus malheureuse. Enfin elle se rendit compte que son attitude n'était pas raisonnable, alors elle prit le téléphone et appela un de ses amis qu'elle croyait capable de l'aider. Il lui donna aussitôt quelques pistes prometteuses. Helen allait appeler le premier nom sur la liste quand le même ami la rappela.

« Oublie la liste que je t'ai donnée, dit-il énergiquement. Connais-tu Bill Thetford ? »

« Jamais entendu parler. »

« Appelle-le tout de suite, continua son ami. C'est le directeur du département de psychologie de l'Hôpital Presbytérien. Voici son numéro. Et quand tu lui parleras, ne manque pas de lui dire que c'est toi qu'il cherchait. »

Helen ne désirait pas vraiment travailler dans un hôpital, et le peu qu'on lui avait dit sur le poste n'était pas très inspirant. Néanmoins, elle appela Bill Thetford.

Le matin suivant, à dix heures, quand elle se présenta à l'hôpital pour l'entrevue qu'ils avaient prévue, elle entra dans son bureau et, dès l'instant où elle posa les yeux sur lui, elle se fit le commentaire suivant, qu'elle ne comprenait pas :

« Le voici, se dit-elle. Voici celui que je suis censée aider. »

3

Quand Helen se présenta le lundi suivant pour sa première journée de travail, Bill ne savait pas vraiment quoi faire d'elle. L'espace bureau nécessaire au nouveau programme n'avait toujours pas été autorisé, et Bill ignorait encore comment, au juste, le programme devait fonctionner.

Il parvint tout de même à lui commander une table de travail qu'il fit installer dans un coin libre tout près de son bureau. L'endroit devint le quartier général d'Helen durant les deux prochains mois. Ce n'est pas faute d'avoir essayé que Bill était incapable d'obtenir l'espace additionnel pour Helen et le reste du personnel qu'il restait à engager. Il avait passé par toutes les filières – en remontant jusqu'au doyen –, mais il n'arrivait tout simplement pas à trouver quelqu'un pour donner l'autorisation.

Si Bill avait su alors que cette façon de se refiler la responsabilité de l'un à l'autre était représentatif de ce qui l'attendait dans presque tous les aspects de son travail au Centre médical, il aurait probablement démissionné sur-le-champ. Toutefois, il n'avait pas idée que ce genre de comportement était typique, aussi a-t-il décidé de foncer jusqu'à ce qu'il trouve quelqu'un capable d'approuver au moins un des deux plans qu'il avait dessinés.

Si Bill vivait tant de frustrations, c'est entre autres parce qu'il était responsable auprès de cinq chefs différents : le président du département de psychiatrie, le président de l'hôpital, le vice-président en charge des affaires professionnelles, le doyen de la faculté de médecine et le président de l'Université Columbia, sans compter tous les vice-présidents des divers services spéciaux. Résultat, il était presque impossible d'obtenir qu'on fasse quoi que ce soit, et encore moins qu'on le fasse vite. Or l'une des tâches de Bill consistait à apporter des changements afin de régler les nombreux problèmes qui s'accumulaient depuis des années. Mais à chaque pas – peu importe ce qu'il tentait d'accomplir –, il rencontrait une résistance massive de la part des personnels médical et administratif qui cherchaient constamment à protéger et à agrandir leurs propres territoires.

De plus, le département de psychologie, une division du département de psychiatrie, était situé au dernier rang sur la liste des priorités de l'hôpital. On ne s'y intéressait à peu près pas avant que Bill arrive, et les salaires des employés professionnels étaient moins élevés que ceux des secrétaires. Bien que Bill jugeât nécessaire de remplacer plusieurs employés qui n'étaient pas qualifiés, il lui était pratiquement impossible de trouver des gens compétents pour accepter de les remplacer au salaire que l'hôpital leur offrait.

Voilà seulement quelques-uns des problèmes auxquels Bill devait faire face quand Helen se joignit au département, et elle-même ne mit pas de temps à se faire une idée assez juste de la situation. Deux mois avaient passé quand de nouveaux bureaux furent enfin assignés au projet ; à ce stade, Helen, qui travaillait encore dans le coin « temporaire » que Bill lui avait trouvé le premier jour, était sur le point de démissionner. Quand on pense à ce qui devait arriver, cependant, il semble qu'elle n'avait pas vraiment le choix ; c'est là qu'elle devait rester.

Toutefois, même dans ses nouveaux quartiers, Helen détestait son travail au début. Non seulement était-elle maintenant logée dans un autre immeuble que Bill, avec qui elle travaillait étroitement, mais son travail était fastidieux et cette situation était la plus difficile qu'elle ait jamais vécue. En plus du travail trop routinier, Helen sentit très rapidement un air de suspicion et de compétitivité auquel elle n'avait jamais été exposée.

Qui plus est, Helen et Bill devaient affronter un autre

problème encore plus sérieux. Bien que chacun eût un énorme respect pour les capacités de l'autre, il semblait aussi plus souvent qu'autrement que chacun avait le don de faire ressortir le pire chez l'autre. Cela est devenu très évident après quelques mois, et la tension qu'ils ressentaient déjà s'en trouva considérablement augmentée. Car qu'ils eussent à rédiger une demande de subvention ou seulement à décider s'ils allaient manger à l'hôpital ou au restaurant, ils n'arrivaient jamais aisément à une entente.

Malgré, ou peut-être à cause de cela, ils avaient besoin du soutien et de l'aide l'un de l'autre pour surmonter la multitude de problèmes auxquels ils faisaient face. Car ils sentaient tous les deux qu'ils devaient faire quelque chose pour changer les sentiments d'hostilité et de rancœur qui semblaient animer tellement de leurs collaborateurs ; sans l'espoir d'un tel changement, il est clair que l'un comme l'autre aurait cherché un travail différent... et plus paisible.

Ainsi ils acceptèrent de travailler ensemble à résoudre les problèmes du département. Au début, leurs tentatives furent navrantes. Leurs premiers efforts consistèrent à rédiger frénétiquement et dans les plus brefs délais d'urgentes demandes de subvention afin d'obtenir les fonds qui faisaient cruellement défaut dans les nombreux secteurs de responsabilité du département. Or même s'ils travaillaient assurément dans un but commun, il semble que Bill ne pouvait écrire un paragraphe sans qu'Helen ne le corrige sévèrement, tandis qu'Helen ne pouvait faire la moindre suggestion sans que Bill ne la remette totalement en question.

Le travail lui-même était épuisant, et cet antagonisme entre eux le rendait doublement difficile. Ils travaillaient le soir et les week-ends et se disputaient au téléphone de la maison quand ils ne travaillaient pas. Au bout d'un certain temps, ils se rendirent compte que tous leurs efforts n'avaient apporté que très peu de résultats. Les divisions politiques perduraient, et les relations humaines ne s'amélioraient pas. Le roulement de personnel était effarant, ce qui ajoutait aux ennuis de Bill qui aurait voulu à tout le moins que le département continue à fonctionner au niveau habituel, et non plus mal qu'avant son arrivée.

Même en collaborant étroitement dans un but commun, le stress que chacun ressentait se reflétait dans leur relation. D'abord, ils étaient très mal assortis. Bill, qui avait quatorze ans de moins qu'Helen, était un éternel optimiste qui continuait de croire, malgré les énormes problèmes qu'il devait affronter, qu'il y avait toujours une issue à toute situation difficile et qu'il suffisait de persévérer pour la trouver. De son côté, Helen était anxieuse et agitée, et elle avait beau tenter d'afficher un air jovial, son insécurité et son pessimisme naturels transparaissaient toujours. De plus, ils avaient des manières bien différentes d'aborder les problèmes interpersonnels. Bill était enclin à se retirer quand il sentait qu'une situation devenait trop exigeante ou contraignante, alors qu'Helen avait tendance à s'impliquer encore davantage, avec le résultat évident qu'elle finissait par se sentir coincée, froissée et exploitée. Ainsi, tout en devenant sans cesse plus interdépendants, ils accumulaient toujours plus de colère l'un contre l'autre, puisqu'aucun des deux ne pouvait changer l'attitude de l'autre et que leurs réels efforts de coopération se butaient constamment à leur ressentiment grandissant.

Malgré de tels sentiments personnels, il y avait entre eux une sorte de lien qui empêchait Helen de démissionner, et qui incitait Bill à « protéger » l'avenir d'Helen. Quand la subvention initiale qui avait permis d'engager Helen fut revue à la baisse, et qu'il semblait donc évident que le projet allait être écourté, Bill nomma Helen au seul poste vacant qui était de sa responsabilité, lui assurant ainsi un minimum de sécurité d'emploi.

En 1963, le président du département nomma Bill sur le Comité de recherche et planification, groupe chargé d'allouer les futurs locaux du nouveau bâtiment de recherche qu'on s'apprêtait à construire. C'était un grand honneur pour Bill, un honneur qu'on ne lui avait jamais fait et qu'on ne lui referait pas. Ayant la chance, pour la première fois, de créer un espace pour son propre usage, Bill fit tracer les plans de deux bureaux privés avec une salle de secrétariat dans un coin isolé de l'édifice, loin du va-et-vient ordinaire de l'hôpital. Il ne savait pas à ce moment-là pourquoi il avait commandé deux bureaux privés puisqu'il n'avait aucune raison de le faire. Comme il le dit des années plus tard : « Je n'avais pas idée à quel point il était nécessaire pour Helen et moi d'être ensemble. »

À l'été de 1965, le nouveau bâtiment de recherche était complété et prêt à servir. Au milieu de leurs difficultés personnelles et professionnelles, ils emménagèrent dans le nouvel édifice et Bill offrit à Helen le deuxième bureau privé adjacent au sien. S'il est vrai que leurs difficultés psychologiques perduraient, l'obstacle physique à leur œuvre commune avait été éliminé.

Un après-midi de ce même été, juste avant un meeting de recherche auquel ni l'un ni l'autre n'avait très hâte d'assister à cause de l'esprit de compétition qui d'ordinaire faisait rage durant de telles sessions, quelque chose arriva. Bill se rendit dans le bureau d'Helen pour lui dire quelque chose mais, de toute évidence, une fois sur place, il avait du mal à commencer. Enfin il respira profondément, rougit quelque peu et se lança dans un discours. Il admit plus tard que les mots lui paraissaient banals et sentimentaux, et qu'il ne s'attendait guère à une réponse positive de la part d'Helen. Néanmoins, il dit ce qu'il avait à dire. Il avait réfléchi et conclut qu'ils s'y prenaient mal : « Il doit y avoir une autre voie, dit-il. Notre attitude est si mauvaise que rien ne peut s'arranger. » Il ajouta qu'il avait résolu d'essayer désormais de voir les choses différemment.

Concrètement, il proposa de tenter cette nouvelle approche lors du meeting de l'après-midi. Il ne se mettrait pas en colère et chercherait à voir un côté constructif dans tout ce que les gens diraient et feraient. Il agirait en collaborateur plutôt qu'en compétiteur. De toute évidence, dit-il, ils allaient dans la mauvaise direction et il était temps d'en chercher une nouvelle. Ce fut un long discours pour Bill, qui parlait avec un enthousiasme inhabituel. Puis il attendit, un peu gêné, la réaction d'Helen. Ce ne fut pas ce qu'il prévoyait. Elle se leva d'un bond et dit avec conviction qu'il avait raison et qu'elle se joindrait à lui dans cette nouvelle approche.

À un certain niveau, cette union entre eux représentait un *réel* engagement, ce qui était nouveau dans leur relation, et cela fut le signal d'une série d'événements remarquables qui se produisirent durant l'été de 1965.

La réunion départementale à laquelle Bill tenta d'appliquer sa nouvelle approche ne commença pas différemment des dizaines d'autres auxquelles ils avaient assisté au fil des ans, mais au fur et à mesure que les divers arguments et points de vue étaient présentés, puis attaqués, quelques-uns des participants sentirent une légère différence dans l'atmosphère générale de la réunion. Ce que Bill aurait accueilli précédemment en se défendant, il l'écoutait simplement et acceptait d'y réfléchir. Quand des employés trouvèrent des excuses pour des travaux inachevés, il accepta leurs excuses en espérant que la prochaine fois ils ne seraient pas si surchargés de travail. À la surprise de Bill, ses réponses générèrent des réponses similaires chez d'autres participants à cette réunion.

Durant les premières semaines, leur quête « d'une meilleure voie » ne fit aucune percée majeure du côté des relations personnelles, mais Bill et Helen s'entendaient pour dire que l'atmosphère était nettement moins belliqueuse lors des meetings auxquels ils assistaient, et à la fin de l'été c'est tout le climat de travail à l'intérieur du département qui avait complètement changé. Les tensions avaient diminué. Les antagonismes étaient disparus. Plusieurs des employés parmi les moins qualifiés quittèrent le département (en bons termes) et des personnes beaucoup mieux qualifiées se présentèrent pour les remplacer presque immédiatement. Bill et Helen n'étaient pas toujours constants, et parfois ils manquaient de conviction, mais leur engagement ne vacillait pas et il ne faisait pas de doute que leurs efforts avaient apporté des résultats remarquables. Après trois mois, le département montrait les signes d'un fonctionnement plus harmonieux, et le moral s'améliora au point où Bill remarqua que des employés se saluaient de temps à autre avec un véritable sourire.

Leurs premières tentatives en vue de guérir leur propre relation n'avaient pas été aussi heureuses. Ils avaient beau essayer d'être charitables et compréhensifs, les obstacles psychologiques qu'ils avaient à surmonter semblaient trop grands et trop abrupts. Ainsi, tandis que les relations avec les membres de leur département – et même d'autres départements – continuaient de s'améliorer d'une manière spectaculaire, ils vivaient encore eux-mêmes des épisodes d'antagonisme extrême l'un envers l'autre. Et même s'ils en venaient toujours à reconnaître que la source de leur désaccord était banale, voire inexistante, il n'empêche qu'ils avaient encore beaucoup à faire pour surmonter les réactions presque pavloviennes auxquelles ils étaient accoutumés.

C'est durant cette période où ils essayaient très fort d'arranger les choses entre eux qu'Helen constata un changement dans ses « images mentales » – ces images qui lui apparaissaient sporadiquement d'aussi loin qu'elle pouvait se souvenir. Les « photographies » en noir et blanc qu'elle voyait souvent se mirent à lui apparaître non seulement en couleur, mais en mouvement et par séries. Ses rêves commencèrent à adopter les mêmes caractéristiques, et souvent ils complétaient un thème qui avait été commencé avant qu'elle s'endorme.

Entre juin, soit le moment où Bill et moi avons décidé de changer d'attitude, et octobre, trois séries plus ou moins distinctes de fantasmes et de rêves affleurèrent à ma conscience. Même si les séries se recoupaient en certains points, je les décrirai séparément pour plus de clarté. Je ne sais pas s'il s'agissait de représentations symboliques, comme le sont les figures des rêves, ou si elles étaient reliées à des événements précis. Je les regardais comme si j'avais regardé un film ; je me sentais davantage spectatrice qu'actrice, même quand je regardais une figure que je savais être moi-même.

La première des trois séries commença par une figure de femme inconnue, lourdement drapée, agenouillée et tête baissée, de lourdes chaînes enroulées autour des poignets et des chevilles. À ses côtés un feu qui s'élevait loin au-dessus de sa tête brûlait dans un bassin de métal posé sur un petit trépied. Elle ressemblait à une prêtresse et le feu semblait faire partie d'un quelconque rite religieux. Cette figure revint presque quotidiennement pendant plusieurs semaines, chaque fois avec quelques changements. Les chaînes tombèrent et elle releva la tête. Très lentement elle se mit debout et il ne restait plus qu'un petit bout de chaîne attaché à son poignet gauche. Le feu brûlait d'une lumière plus éclatante à mesure qu'elle se levait. Je n'étais pas du tout préparée aux intenses réactions émotives que j'éprouvais à son égard, et je ne les comprenais pas du tout.

Quand la prêtresse leva les yeux pour la première fois et me regarda, j'étais terrifiée. J'étais sûre que son visage serait plein de colère et ses yeux remplis de condamnation et de mépris. J'ai gardé la tête tournée les prochaines fois qu'elle est apparue, mais finalement j'ai décidé de la regarder en face. Quand je l'ai fait, j'ai éclaté en sanglots. Son visage était doux et plein de compassion, et ses yeux étaient indescriptibles. Pour la décrire à Bill, le meilleur mot que j'ai trouvé était « innocence ». Elle n'avait jamais vu ce que je craignais qu'elle vît en moi. Elle ne connaissait rien qui pût justifier une condamnation. Je l'ai tant aimée que je suis lit-

téralement tombée à genoux devant elle. Puis j'ai essayé sans succès de m'unir à elle, qui était debout devant moi, soit en me glissant vers elle ou en l'attirant à moi.

Mes réactions suivantes furent encore plus étranges. Je fus soudain balayée par un sentiment de joie si intense que j'avais du mal à respirer. J'ai demandé à voix haute : « Est-ce que cela veut dire que je peux ravoir ma fonction ? » La réponse, silencieuse mais parfaitement claire, fut : « Bien sûr ! » Je n'aurais pas cru possible de ressentir un tel bonheur en entendant cette réponse résonner en moi, et pendant un moment je ne fis que répéter : « Comme c'est merveilleux ! Comme c'est merveilleux ! » Il ne semblait faire aucun doute qu'il y avait une partie de moi que je ne connaissais pas, laquelle comprenait parfaitement tout ce que cela signifiait vraiment. C'était un étrange état de conscience divisée, état qui me deviendrait beaucoup plus familier plus tard.

La deuxième série d'images, qui me vint comme la première parfois en de brefs éclairs, un peu comme des rêves éveillés, et parfois dans des rêves endormis, concernait Bill et moi. Nous apparaissions et réapparaissions dans différentes relations, mais la chronologie était plutôt confuse. Des situations qui semblaient très anciennes venaient souvent après d'autres presque contemporaines. Dans la première image de cette série, je me suis vue dans un bateau, ramant de toutes mes forces mais sans avancer. En regardant autour de moi, j'ai identifié la ville de Venise et j'ai vu que le bateau était une gondole. Près de moi il y avait un homme assez grand, qui me rappelait Bill, qui s'appuyait sur un poteau de bois rayé qui émergeait de l'eau. Ses bras étaient croisés sur sa poitrine, et il me regardait avec un air moqueur. J'étais de plus en plus certaine que c'était Bill, déguisé en gondolier avec des paillettes étincelantes éparpillées sur son costume. Il ne bougeait pas et ne disait mot. Puis j'ai remarqué que la gondole était attachée au quai par une lourde corde. La situation était ridicule ; j'avais tenté très fort l'impossible. Bill ne m'avait pas offert d'aide, mais son sourire n'était pas méchant.

Les événements suivants dans cette série avaient des charges émotives différentes. Bill apparut une fois en matador vêtu d'un costume spectaculaire, couvert d'or de la tête aux pieds. Je pouvais distinguer une arène en arrière-plan, mais c'était très flou. Il fit sa prochaine apparition habillé en sorcier, avec des plumes autour des chevilles et des poignets et portant une robe de paille ainsi qu'un imposant panache de plumes orné de bijoux. Je portais une simple robe maison. Nous étions tous les deux Noirs, et nous nous trouvions dans une clairière en pleine jungle. Il semble que j'étais venue à Bill en quête d'aide, et qu'il répondait à ma demande en faisant une drôle de danse accompagnée de cris dans une langue que je ne connaissais pas. Au début, j'étais rassurée. Puis j'ai pris peur et je l'ai prié d'arrêter. Il ne semblait pas pouvoir m'entendre parmi les battements de l'instrument de bois rudimentaire qu'il tenait et le bruit de plus en plus fort des tambours à l'arrière-plan. Je suis partie terrifiée, en me couvrant les oreilles pour faire taire les sons. Je n'ai pas regardé derrière moi.

Le prochain épisode entre Bill et moi ressemblait à une histoire à l'intérieur d'une autre histoire. Un thème dans ses diverses phases s'étira assez longtemps avant d'atteindre sa triste conclusion. J'étais une prêtresse dans ce qui ressemblait à un temple égyptien, mais je pense que c'était encore plus ancien. De gigantesques statues de pierre se détachaient des murs sur les côtés et à l'arrière de l'édifice, mais je ne pouvais pas vraiment les distinguer parce que l'intérieur était si peu éclairé. Même dans la pénombre, cependant, je pouvais voir que le temple était très grand et très imposant. L'autel, seul endroit bien éclairé de l'édifice, était particulièrement beau. Une lumière éclatante l'éclairait d'en haut d'une source que je ne pouvais identifier. De magnifiques joyaux brillaient tout autour, et ses surfaces lisses et polies reflétaient la lumière comme des miroirs. En tant que grande prêtresse, je portais un vêtement très élaboré ainsi qu'une couronne richement incrustée dont manquait la grosse pierre centrale.

Au premier épisode de la série, j'étais debout à l'autel et je me penchais sur Bill qui était étendu par terre presque nu. Je tenais dans ma main le manche d'une lance dont la pointe reposait sur le front de Bill entre ses yeux. Puis vint une longue série de flashs-back évoquant ce qui avait mené à cette première scène. Il y avait eu une révolte des esclaves. J'étais sur le point de tuer Bill, le chef de la révolte, qui avait réussi à dérober l'énorme rubis central de la couronne de la prêtresse. Ce n'était pas un rubis ordinaire. Il donnait des pouvoirs magiques à quiconque le portait. Il fallait que le voleur soit tué afin que ces pouvoirs retournent à la prêtresse, dont la religion était le pouvoir et l'esclavage. Se révolter contre elle, c'était courir à sa perte.

Ce qui arriva ensuite fut très étonnant. J'étais consciente d'un sentiment de rage et d'un intense désir de vengeance au moment où je me préparais à enfoncer le fer de la lance entre les yeux de Bill. Il n'avait pas l'air particulièrement effrayé. Il ne faisait qu'attendre en me fixant du regard. Je me suis raidie, prête à planter ma lance. D'une manière tout à fait inattendue, j'ai hésité un instant, et j'ai su que c'en était fini de moi. Bill vivrait et j'allais mourir. En laissant tomber la lance, ma mort était certaine. Le dernier épisode de la série me trouvait seule sur la plus haute marche d'un large escalier menant à une énorme porte verrouillée. J'étais à l'extérieur du temple. Ma couronne et ma robe d'or avaient disparu. Je portais une robe blanche trop grande pour moi, salie sur les côtés et déchirée à l'encolure. Il n'y avait devant moi que le désert. Le vent soufflait du sable chaud sur mon visage et je voyais des os blanchis gisants çà et là dans le lointain. Les miens seraient bientôt parmi eux. Je m'en voulais amèrement d'avoir permis ce qui s'était passé. La colère me secouait littéralement tandis que je descendais lentement l'escalier, la gorge serrée par la soif et sentant l'odeur de la mort dans le vent.

L'impact émotif de ce dernier épisode fut intense et durable. Je sentais encore la colère après que les images se furent évanouies, et cette colère s'est changée en furie le lende-

main quand j'ai raconté l'histoire à Bill, particulièrement en parlant du vol du rubis. C'était comme si je revivais tout encore une fois. Une image du rubis, d'un beau rouge éclatant, me vint à l'esprit, et pour un bref instant la scène devint réelle pour moi. Encore une fois je m'en voulais d'être morte à cause de cet esclave rebelle qui n'était qu'un vulgaire voleur. J'avais du mal à contenir ma colère contre Bill, qui était bouleversé, on s'en doute. Je l'étais aussi. L'intensité de ma colère nous surprenait tous les deux. Il a fallu attendre quelque temps avant que le prochain épisode de la série apparaisse. C'est comme s'il avait fallu que je récupère un peu avant de continuer. Heureusement, le nouvel épisode était différent, mais celui-là non plus ne se terminait pas en ma faveur.

Bill, un moine franciscain portant une robe brune et des sandales, lisait un petit livre tout en marchant en silence. Il faisait les cent pas sur la galerie à arcades d'un monastère qui bordait une petite pelouse très bien tenue. Il y avait une jolie fontaine au milieu de la pelouse, avec des oiseaux qui se baignaient dans son bassin et des rangées de jolies fleurs qui en faisaient le tour et qu'on retrouvait ailleurs en bouquets épars. L'époque était incertaine mais le monastère semblait se trouver en Espagne. J'avançais lentement sur la galerie en direction de Bill, tout habillée de noir. Mon visage était voilé, mes yeux baissés et mes mains jointes en prière. Quand j'ai rejoint Bill, je me suis agenouillée comme une pénitente, et j'ai humblement demandé pardon. Il n'a pas levé les yeux. La colère m'a saisie, j'ai bondi et l'ai accusé d'être un sans-cœur. Il ne semblait pas m'entendre, continuant simplement sa paisible lecture. Ses yeux n'ont jamais quitté le livre. J'ai reculé, remplie de colère et de frustration. L'image s'est dissipée lentement sans autre conclusion.

La scène suivante, en ordre d'apparition, semblait si ancienne qu'on aurait dit qu'elle avait lieu au commencement du temps. J'étais de nouveau une prêtresse, mais cette fois d'un genre très différent. De fait, celle-ci ressemblait beau-

coup à la prêtresse aux yeux innocents que j'avais vue se libérer de ses lourdes chaînes. Elle était cachée du monde dans un petit temple de marbre blanc situé dans une vaste et verte vallée. Je n'étais pas sûre que son corps fût entièrement solide. En fait, ce qui était visible n'était que le contour d'une petite et mince femme vêtue de blanc, qui n'avait jamais été plus avant dans le monde que le seuil de cette petite chambre qui contenait un simple autel de bois. Une petite flamme y brûlait d'où s'élevait continuellement une colonne de fumée blanche. La prêtresse restait proche de l'autel, assise sur un tabouret de bois et priant les yeux fermés pour ceux qui venaient à elle en quête d'aide.

Parfois, je ne voyais que la vallée à l'extérieur du temple. Parfois il semblait n'y avoir personne, mais en d'autres moments il y avait une immense colonne de gens qui marchaient ensemble dans l'allégresse. La colonne semblait s'étendre indéfiniment dans les deux directions, et je pouvais partager le sentiment intense de liberté et d'unité que ressentait chacune de ces personnes en avançant vers une victoire certaine. Je ne savais pas exactement comment la prêtresse les aidait, mais j'étais convaincue que ses prières jouaient un rôle essentiel. J'étais certaine aussi que les gens venaient à elle de partout pour être aidés ; certains venaient même de très loin. Toutefois, ils ne semblaient pas lui parler directement. Ils s'agenouillaient sur le bord d'un muret qui séparait les parties intérieure et extérieure du temple, et ils exprimaient leurs besoins à un homme qui semblait servir d'intermédiaire entre la prêtresse et le monde. Il restait dans un espace fermé assez vaste qui séparait la prêtresse de ceux qui demandaient de l'aide. L'homme lui transmettait leurs besoins.

Il m'a fallu quelque temps pour voir le visage de l'homme, et il m'en a fallu encore plus pour reconnaître que c'était Bill. Il jouait un rôle crucial qui permettait à la prêtresse de remplir sa fonction. Quand les gens lui disaient ce dont ils avaient besoin, il allait à la porte de sa chambre et lui disait simplement qu'il avait reçu une demande d'aide. Il disait seulement qu'un frère était venu pour guérir, puis il demandait de l'aide au nom de ce frère. La prêtresse ne demandait jamais les noms des personnes ni les détails de leur requête. Elle priait pour tous de la même façon, assise en silence près de la flamme sur l'autel. Il ne lui venait jamais à l'esprit que l'aide ne serait pas accordée. Elle ne cessait jamais réellement d'être auprès de Dieu, et elle restait paisiblement certaine de Sa présence dans la chambre avec elle. J'étais sûre qu'elle était moi, et pourtant je n'en étais pas sûre. Ce qui était certain, c'est que je la regardais avec beaucoup d'amour.

*Le prochain épisode contrastait vivement. Bill et moi étions tous deux des esclaves dans ce qui semblait être l'Amérique du milieu du XIX*e *siècle. Nous étions mariés, mais je le traitais avec mépris. Il était plus vieux que moi, il avait une peau beaucoup plus foncée et il était très religieux mais d'une façon qui me semblait simpliste. Je ne voyais rien qui justifiât la confiance enfantine qu'il mettait en Dieu. Il avait la même confiance naïve en moi, et je savais que cette confiance n'était pas méritée. L'histoire est restée vague, mais je comprenais que certaines choses s'étaient passées. J'étais belle, presque blanche en apparence, et complètement amorale. Je plaisais aux hommes blancs, à qui j'accordais mes faveurs plutôt volontiers. Je ne sais comment je suis parvenue à gagner ma liberté, mais cela se fit au détriment de Bill d'une certaine façon. Je ne lui cachai pas mes plans. En fait, je prenais plaisir à tout lui raconter. Il ne m'a pas condamnée et n'a pas tenté de me retenir. Je lui ai tourné le dos et je suis partie en râlant. Mais je me souviens de la tristesse dans ses yeux.*

La série s'est terminée sur une note de réussite finale et même triomphale. J'étais dans une pièce qui semblait située au dernier étage d'une église. Bill, assis au grand orgue, jouait le chœur de l'Alléluia de Hændel, son visage illuminé de joie. Nous avions enfin atteint notre but. Je me tenais devant un simple autel de bois brun, sur lequel deux mots étaient écrits l'un au-dessus l'autre. Je ne peux imaginer une paire de mots plus inappropriée. Le mot du dessus était « Elohim », que je ne reconnus pas à l'époque et dont j'ai su seulement plus tard que c'était l'un des noms hébreux de Dieu. Je connaissais l'autre mot, Évoé, qui est le cri des Bacchantes grecques dans la célébration du culte de Bacchus. Soudain un éclair de lumière venu de l'arrière de l'église frappa l'autel et oblitéra complètement le deuxième mot. Il ne restait plus qu'« Elohim », écrit en lettres dorées et brillantes. Le chœur de l'Alléluia s'éleva en crescendo et une figure nimbée de lumière que je reconnus aussitôt comme étant Jésus sortit de derrière l'autel et vint vers moi. J'ai commencé à m'agenouiller devant lui, mais il a contourné l'autel et il est venu s'agenouiller à côté de moi. Bill s'est levé et s'est agenouillé de l'autre côté. Puis une Voix, qui m'était devenue plus familière, dit en silence mais d'une manière parfaitement claire : « Cet autel est à l'intérieur de toi. » L'impact émotif de la conclusion fut si puissant que j'éclatai en sanglots.

La troisième série d'images, qui se présenta à moi de la même manière que les deux autres, dura plus longtemps et suivit une progression mieux définie. Durant toute la série, une figure masculine dont l'identité était incertaine apparaissait de temps à autre, apparemment pour me venir en aide. La plupart du temps, je ne la reconnaissais pas du tout. Parfois je pensais que c'était Bill. D'autres fois je soupçonnais vaguement que c'était peut-être Jésus. Cette série commença un peu comme la précédente, mais à un niveau moins évident comme la première. En marchant sur la rive d'un lac, je tombais sur un bateau vide gisant sur le flanc. Il était tenu par d'épaisses cordes attachées à une ancre pesante enfouie profondément dans la boue qui couvrait également une partie du bateau. Il était évident que le bateau avait été abandonné il y a des années.

Je savais qu'il m'était impossible de libérer le bateau sans aide, mais je me suis quand même sentie obligée d'essayer. Je tirais vainement sur les cordes, qui étaient si lourdes que j'avais du mal à les soulever. De plus, la boue était glissante et je tombais sans cesse. J'appelai à l'aide mais il n'y avait personne à portée de voix. L'endroit était complètement désert. La situation était frustrante. Je me rendais vaguement compte de l'importance de libérer ce bateau, mais j'étais aussi consciente d'en être absolument incapable. Puis la réponse vint. Je m'y étais mal prise.

« Bien sûr, me suis-je dit, il y a à l'intérieur du bateau un puissant appareil émetteur-récepteur. Il n'a pas servi depuis longtemps, mais il fonctionne encore. Et c'est la seule façon d'obtenir de l'aide. »

Le premier épisode se termina là-dessus.

Plusieurs choses pas très claires se produisirent ensuite. Un homme est sorti de nulle part et ensemble nous sommes parvenus à tirer l'ancre hors de la boue, à redresser le bateau et enfin à le mettre à l'eau. Puis il se mit à avancer, malgré le fait que l'ancre traînait encore un peu au début. Toutefois, au bout d'un moment, le bateau a pris de la vitesse en suivant ce qui semblait être une route bien définie. Je ne savais pas du tout où il allait, mais apparemment je n'avais pas besoin de le savoir. Il semble que l'homme, que je remarquai tout à coup à mes côtés, le savait. Et cela suffisait.

Une fois le bateau bien lancé, l'eau s'est agitée, et je commençais à avoir peur. Heureusement, l'homme est apparu au prochain épisode habillé pour la circonstance : dans un imper jaune, avec casque et bottes. Je gouvernais maladroitement avant qu'il arrive. Il a pris le gouvernail.

« Va t'asseoir là, dit-il d'une ton ferme mais amical. Il va faire tempête pendant quelque temps. Je vais te sortir de là, puis tu pourras reprendre la roue. »

Je me suis assise sur un banc d'un côté du pont, mais j'étais encore un peu craintive.

« Peut-être devrions-nous appeler à l'aide, ai-je suggéré timidement. Je pense qu'il y a un très bon appareil émetteur-récepteur à l'intérieur de ce bateau. On pourrait peut-être s'en servir ? »

« N'y touche pas maintenant, dit l'homme aussitôt et encore plus fermement. Tu n'es pas prête. Tu ne ferais que t'attirer des ennuis. Quand tu seras prête à t'en servir, je te le dirai. En attendant, ne t'inquiète pas. On y arrivera. »

Je le regardais, rassurée, manœuvrer habilement le bateau dans un passage très étroit au milieu de la tempête. De grosses vagues s'élevaient au-dessus de la proue du bateau, et des torrents de pluie tombaient du ciel devenu noir. Bizarrement, je ne me suis même pas mouillée. Peu à peu le bateau est entré en des eaux plus calmes et j'ai retrouvé la roue du gouvernail entre mes mains.

Quand l'homme est réapparu, il était accoudé au bord du bateau vêtu d'un short et d'une chemise à col ouvert. Il faisait beau et chaud, l'eau était calme et le bateau facile à diriger. Nous nous tenions à la roue en discutant. J'ai remarqué qu'il portait une chaîne dorée autour du cou, d'où pendait un symbole d'or qui ne m'était pas familier. J'ai pensé qu'il s'agissait peut-être d'une lettre de l'alphabet hébreu. Puis je me suis souvenu de quelque chose.

« J'en ai un pareil, dis-je en regardant le symbole. De fait, je le porte maintenant. »

« En effet, je sais cela, répondit l'homme en souriant. »

« Seulement, ajoutai-je, le mien regarde de l'autre côté. »

« Je sais cela aussi, dit l'homme en souriant toujours. En fait, celui-ci t'appartient aussi. Je vais le garder pour toi encore un peu, mais je promets de te le rendre quand tu pourras t'en servir. »

Les deux symboles, des images inversées l'un de l'autre, sont restés si clairs dans mon esprit que je les ai dessinés par la suite. Quelque temps après, j'ai rencontré un ami qui était un spécialiste de l'hébreu, et je lui ai demandé s'il les reconnaissait. Il était perplexe au début, puis il s'est exclamé : « Bien sûr ! Le symbole du miracle de l'inversion. » Il a dû m'expliquer ce qu'il voulait dire. Quand Moïse est descendu de la montagne où il avait parlé avec Dieu, il portait un parchemin sur lequel les paroles de Dieu étaient écrites. Le miracle est que les mots pouvaient se lire aussi bien d'un côté du parchemin que de l'autre, ce qui bien sûr n'est pas possible en temps normal. Mes réactions à cette information furent curieusement ambivalentes. D'un côté, j'étais ravie et enchantée. D'un autre côté, j'avais peur. J'avais encore de la difficulté à croire que les rêves et les fantasmes puissent être autre chose que de vaines tentatives pour réaliser nos souhaits, et j'étais donc capable de rejeter la plupart des choses que j'avais vues et entendues. Ceci, par contre, pouvait difficilement être rejeté du revers de la main.

Helen rapporta ces expériences, au fur et à mesure qu'elles se produisaient, à la fois à Bill et à son mari. Comme Helen, Louis trouvait toute l'affaire très angoissante, aussi cessa-t-elle simplement de lui dire ce qui lui arrivait. Bill, par contre, était extrêmement intéressé par les séries d'images. Cela n'aidait pas à diminuer l'anxiété d'Helen, toutefois. Bill avait beau lui être d'un grand soutien, elle se sentait quand même terriblement menacée par le phénomène. Elle n'aimait pas ces images, elle n'en voulait pas. Règle générale, elles la remplissaient d'angoisse, car c'était le genre d'histoire qu'elle n'aurait pas été surprise d'entendre dans la bouche des patients psychiatrisés qui venaient la consulter.

Les expériences se poursuivant, elle confia à Bill qu'elle sentait qu'elle devenait folle, et qu'elle devrait elle-même se soumettre à un examen psychiatrique.

« Essaie plutôt de laisser aller les choses, et laisse-toi aller aussi, dit-il pour la rassurer. J'ai l'impression que cela a peut-être quelque chose à voir avec le discours que je t'ai fait sur la meilleure façon d'aborder les relations difficiles. »

Bien que Bill, comme Helen, n'eût aucun intérêt ni aucune connaissance dans le domaine des phénomènes parapsychiques, il lui semblait évident que quelque chose de paranormal se produisait, et il trouvait la matière elle-même absolument fascinante. Inversement, pour Helen, c'était justement ce qui la tracassait et l'effrayait le plus : que cela ait quelque chose à voir avec le paranormal – même si elle ne connaissait rien au « paranormal », mis à part le fait que le psychologue de réputation mondiale J.B. Rhine avait fait quelques expériences avec des cartes à l'Université Duke en Caroline du Nord.

Pour satisfaire sa curiosité et pour s'armer d'un maximum d'informations afin de mieux comprendre ce qui arrivait, Bill se mit à lire des livres traitant de phénomènes paranormaux. Parmi les premiers livres qu'il lut se trouvait une biographie d'Edgar Cayce. Cayce, qu'on appelait parfois « le plus grand médium américain », est mort en 1945 après avoir vécu pendant presque quarante ans toute une série d'expériences inexplicables, dont la plupart furent transcrites à l'époque où elles se sont produites et peuvent donc être étudiées à la librairie de l'Association pour la Recherche et l'Illumination (A.R.I.)[2], de Virginia Beach, une association créée pour propager les idées de Cayce.

Quand Bill parla de Cayce à Helen, en suggérant qu'elle trouverait peut-être quelque intérêt à lire ce livre, elle refusa carrément d'y jeter un coup d'œil. Elle refusait d'admettre qu'il pût même y avoir quelque chose à dire au sujet de ses expériences. Mais elle-même reconnaissait que sa propre attitude à ce sujet manquait de cohérence. D'une part, elle savait qu'elle n'avait jamais eu aucune connaissance intellectuelle consciente du « miracle de l'inversion », et pourtant elle refusait d'entendre toute suggestion sur la façon dont l'information aurait pu lui venir.

Bill, qui n'était pas du tout refroidi par l'attitude d'Helen, se passionna de plus en plus pour une partie de la

---

[2] *Association for Research and Enlightenment.* (N.d.T.)

littérature parapsychologique, car au plus profond de son être il savait que les expériences d'Helen étaient d'une extrême importance pour elle et lui.

Quand Bill fit remarquer que plusieurs de ses images faisaient sans doute allusion à des vies antérieures, Helen fut particulièrement contrariée. Premièrement, elle ne pouvait pas concevoir que Bill, dont elle savait qu'il ne croyait pas du tout à la réincarnation, pût suggérer sérieusement une chose pareille. Deuxièmement, étant donné sa formation « intellectuelle » et l'importance primordiale qu'elle accordait aux « preuves scientifiques », la seule mention d'un tel concept lui inspirait les plus glaciales et railleuses réparties. Toutefois, les expériences imagées se poursuivant, elle finit par s'adoucir quelque peu.

> *Quand le prochain épisode arriva, il le fit sous la forme d'un rêve. À la manière habituelle des rêves, le bateau était devenu une voiture. Je traversais un pont au milieu d'un intense trafic. Je voulais tourner à droite, mais j'étais dans la mauvaise voie, avec des voitures devant et derrière. Cela ressemblait à un immense bouchon de circulation. Il ne semblait pas y avoir moyen pour moi de faire ce virage à droite, mais il était essentiel que je le fasse. « Si j'essaie de tourner, je vais emboutir cette voiture à ma droite, pensai-je, et s'il tourne à droite, je n'aurai pas le temps de le suivre avant que l'ouverture ne se referme, et je serai encore coincée au même endroit. » Je continuais d'envisager divers moyens de changer de voie, mais ils étaient tous inadéquats et certains étaient même désastreux. Puis la solution me vint.*
>
> *« Nous le ferons ensemble tous les deux, me suis-je dit avec joie, ce ne sera pas difficile du tout. »*
>
> *Ainsi j'ai changé de voie en même temps que l'homme dans la voiture à ma droite. Ça a été très facile. « C'est drôle, je n'y avais jamais pensé », me suis-je dit alors que l'image s'estompait.*

La fois suivante, j'étais de retour dans le bateau, encore consciente d'avoir fait ce virage à droite. La bateau avançait lentement mais facilement dans un petit canal très étroit. Il y avait juste ce qu'il faut de brise pour l'aider à avancer. De beaux vieux arbres et de vertes pelouses bordées de talus de fleurs longeaient les rives du canal. « Je me demande s'il y a un trésor caché ici, dis-je rêveusement. Je ne serais pas surprise si c'était le cas. » Puis j'ai remarqué une longue tige munie d'un gros crochet à une extrémité qui reposait sur le pont du bateau. « Parfait », pensai-je en mettant la tige à l'eau et en l'enfouissant le plus loin possible. Le crochet attrapa quelque chose de lourd que j'ai soulevé avec difficulté. C'était un ancien coffre à trésor, rongé par l'eau et couvert d'algues. J'ai réussi à le déposer sur le pont et je l'ai ouvert, tout excitée.

Je fus très désappointée. Je m'attendais à des bijoux ou à des pièces de monnaie, mais il n'y avait rien d'autre qu'un gros livre noir au fond du coffre. Il ressemblait à l'un de ces gros classeurs à ressort qu'on utilise pour ranger temporairement les papiers ou les manuscrits. Sur l'épine, un mot était écrit en lettres d'or : « Esculape ». Le mot m'était familier mais je n'arrivais pas à me rappeler ce qu'il signifiait. Quand j'ai vérifié, j'ai découvert que c'était le nom du dieu grec de la médecine. J'ai vu le même livre deux autres fois la semaine suivante. La première fois, il était entouré d'un collier de perles ; la deuxième fois, c'était dans un rêve où je voyais une cigogne survolant des villages, et je me suis demandé quelle importance cela pouvait avoir. C'est alors qu'une Voix silencieuse me dit : « Regarde ce que la cigogne transporte. » Dans son balluchon, il n'y avait pas l'enfant auquel on pouvait s'attendre, mais le même genre de livre noir. La seule différence, c'est que celui-ci avait une croix dorée sur la couverture. La Voix me dit alors : « C'est ton livre. » À cette époque, ni Bill ni moi n'avions la moindre idée de ce que ce livre représentait.

Bien que l'idée de réincarnation me répugnait particulièrement, il était clair pour moi que plusieurs des images qui m'apparaissaient étaient des flashs-back où je me retrouvais à diverses époques et en divers lieux. J'expliquais ces expériences à Bill en recourant simplement à la symbolique des rêves que n'importe quel psychologue clinique connaît bien. J'admets toutefois qu'au fur et à mesure que les images me venaient, mon dogmatisme à ce sujet a fini par montrer quelques légers signes de fatigue.

Je regardais ces flashs-back en spectatrice, mais en sachant très bien que c'était moi que les images représentaient. Dans l'une des premières scènes, je vis une frêle jeune fille dans une opulente salle de réception française. Cela semblait se passer au milieu du XVIIIe siècle. La jeune fille, vêtue de blanc, jouait d'un instrument de musique qui ressemblait à un clavecin au milieu d'une élégante réunion d'hommes et de femmes magnifiquement vêtus, apparemment les invités d'une somptueuse fête. La jeune fille avait dix-huit ans tout au plus et elle était malade, de toute évidence. « Elle est trop fragile, me suis-je dit. Elle ne vivra pas une autre année. Elle va simplement continuer de s'étioler. C'est une erreur. Elle ne survivra pas. » Un laquais splendidement vêtu sortit de la salle de réception en refermant la porte derrière lui. La fille disparut. Peu de temps après, je vis l'image très vague d'une fille, un peu plus âgée que la précédente, étendue sur la paille d'une étouffante cellule de prison. Ses bras étaient solidement attachés l'un à l'autre et ses pieds étaient enchaînés au plancher. L'époque semblait être le XIIe ou le XIIIe siècle, et j'avais une vague idée que la jeune fille finirait exécutée.

Plusieurs images subséquentes montraient la figure d'une religieuse, apparemment en divers pays et à différentes époques. La plus claire de ces images montrait une religieuse très âgée, arthritique, aigrie, rendue maigre et malade par une vie d'austérité, émotionnellement vidée et dérangée. Elle marchait de long en large dans l'allée d'une très belle église, ressemblant à s'y méprendre à la cathédrale Notre-Dame de Paris. L'allée était sombre et la chandelle que tenait la religieuse n'éclairait pas beaucoup. En marchant, elle tâtait de la main le mur de pierres grises à ses côtés comme si elle y cherchait une porte ou peut-être, plus littéralement, une issue. Elle ne trouvait pas. Les traits déjà sombres de son visage se creusèrent davantage sous mes yeux. « Elle ne sait pas, pensai-je. Elle cherche, mais elle ne sait pas. » Son air sévère me rebutait, mais j'étais profondément sympathique à sa cause perdue.

À l'opposé de cette sombre figure, il en est une autre qui revenait par intervalles et qui me vient encore à l'esprit de temps en temps. C'est la seule qui revenait toujours sous une forme complètement inchangée. C'était l'image d'une jeune fille qui me ressemblait en bien des points, quoiqu'elle devait avoir quinze ou seize ans tout au plus. Elle riait d'un rire joyeux, la tête légèrement renversée, et ses bras étaient grand ouverts, geste universel de bienvenue. Elle semblait être tout entière dans la joie, littéralement incapable de ressentir le moindre chagrin ou la moindre douleur. Elle se tenait debout sur une pelouse dont l'herbe était fraîche et brillante, mais on aurait dit que ses pieds nus ne touchaient pas le sol tant son bonheur était extraordinaire. Elle portait une robe lâche et légère qui ne rappelait aucune époque ni région particulière. De fait, rien en elle ne suggérait le passé, et elle ne semblait pas du tout préoccupée par l'avenir. Je pense même qu'elle n'avait pas conscience du temps comme nous l'avons.

Tout en continuant sa découverte de la littérature parapsychologique, Bill devenait de plus en plus féru de tout ce qui touchait à Edgar Cayce. Ce qu'il trouvait le plus impressionnant et le plus important dans ces récits, dont il discutait fréquemment avec Helen, c'étaient les preuves tendant à démontrer que les esprits peuvent communiquer les uns avec les autres par un moyen parapsychologique encore inconnu de la science. Parce qu'Helen respectait son opinion – quoique dans ce cas-ci, selon elle, il se trompait sur toute la ligne – elle finit par lui demander un livre sur le sujet et il choisit pour elle une biographie d'Edgar Cayce écrite par son fils, Hugh Lynn. Helen trouva le livre intéressant, mais certains aspects qu'elle considérait parmi les plus incroyables et les plus « apeurants » la rebutaient encore. Bill répondit qu'elle avait elle-même vécu des expériences plutôt étranges récemment, et elle dut admettre que c'était vrai. De fait, d'autres événements allaient bientôt se produire qu'elle aurait bien du mal à expliquer.

La nouvelle phase débuta un jour alors que Bill et moi étions concentrés sur un rapport de recherche. Soudain, j'ai déposé les papiers et j'ai dit avec un sentiment d'extrême urgence : « Vite, Bill ! Ton ami Alan, celui que nous avons rencontré à Chicago dernièrement, il pense à se suicider. Il faut lui envoyer un message. » Bill s'est assis à mes côtés tandis que j'envoyais sincèrement un message mental à Alan lui demandant de revenir sur sa décision. Plus tard, j'ai dit à Bill : « Je parie qu'il n'y a rien de vrai là-dedans. » Mais je me trompais ; il appert que j'avais été très proche de la vérité. Il était difficile de ne pas être impressionnée, surtout que les événements de ce genre se multipliaient. Bill est allé en réunion à l'extérieur de la ville, et à son retour je lui ai décrit l'endroit où il était resté – que je n'avais jamais vu – dans les moindres détails. Je lui ai aussi raconté certaines choses qui s'étaient passées là-bas avant qu'il ait le temps de m'en parler. Je lui ai aussi fait une description fort détaillée de la maison d'un ami où il est resté durant un week-end, jusqu'à la couleur des murs et à l'ameublement. Plus tard, alors qu'il était parti en vacances, je lui ai envoyé l'image mentale d'une broche dorée qu'il devait me rapporter. Il m'a remis la broche à son retour. Il ne faisait pas de doute que c'était celle que j'avais demandée.

Mes réactions aux épisodes de ce genre étaient curieusement mitigées. J'étais devenue assez fière, en fait, de l'acquisition de dons aussi spectaculaires, et je me suis même surprise à caresser secrètement quelques rêves de pouvoir et de prestige. En même temps, je faisais d'énormes efforts pour expli-

quer, et ainsi me débarrasser de ces épisodes parce qu'ils suscitaient énormément de peur en moi. Pendant un temps, l'idée des pouvoirs psychiques a crû simultanément en attirance et en frayeur en moi, et j'ai commencé à faire des cauchemars dont j'avais oublié le contenu au matin. Plus la liste d'événements surprenants s'allongeait, plus j'avais du mal à me défaire de l'idée de mal et même de sorcellerie que je leur associais. Or la fierté croissait avec l'anxiété, et même si je me sentais de plus en plus en danger, j'éprouvais également un sentiment concurrent d'infatuation.

Pendant que j'étais encore dans cette phase « magique », un événement se produisit qui contenait un étrange mélange de réalité et de fantasme et semblait indiquer une direction précise pour l'avenir. L'incident, qui comprenait divers niveaux, commença sur un air évident de magie, continua en empruntant une imagerie plus ouvertement religieuse et se termina sur une note toute simple de la vie quotidienne. L'hôpital voulait nous envoyer, Bill et moi, à la clinique Mayo pour y étudier leurs procédures d'évaluation. Le soir avant de partir, une image me traversa l'esprit qui était si nette que je me suis sentie forcée de la décrire par écrit. C'était l'image d'une église, dont les détails m'apparaissaient avec une étonnante clarté. Je n'étais pas sûre de sa dénomination au début, mais j'ai finalement conclu qu'elle était luthérienne. On aurait dit que je la regardais de haut, d'un angle où j'aurais pu la voir dans un avion volant à basse altitude. L'image était si claire que j'ai abandonné toute réserve et j'ai dit à Bill que nous allions certainement la voir en atterrissant au Minnesota le lendemain.

J'étais déçue et fâchée quand nous n'avons vu rien de semblable. Pour soigner mes blessures d'amour-propre, j'ai dit que j'étais sûre que nous trouverions cette église quelque part en ville. Il était tard quand nous sommes arrivés, nous étions fatigués, mais Bill comprenait. Il suggéra de sauter dans un taxi après le souper pour tenter de trouver cette église. J'avais relevé plusieurs noms dans le bottin des églises, mais aucune ne s'est avérée être la bonne. Puis j'ai décrit mon église au chauffeur de taxi en lui demandant s'il en connaissait de semblables. Il n'était pas très optimiste, mais nous en avons encore visité quelques-unes sur ses conseils. À la fin, Bill suggéra sagement d'oublier toute l'affaire. Il se faisait tard. De retour à l'hôtel, il me parla durement.

« Ton église n'est pas ici, dit-il, et tu te comportes très bizarrement. D'où vient tout ce désespoir ? Va te coucher et oublie tout ça. À demain matin. »

Quand nous nous sommes revus le lendemain matin, nous avions tous les deux les yeux rouges d'avoir trop peu dormi. Nous étions exténués, mais nous sommes passés au travers d'une journée fort occupée et vers le soir nous retournions à l'aéroport. Bill est allé au kiosque à journaux pendant que je m'assoyais pour fermer les yeux. J'étais trop fatiguée pour regarder quoi que ce soit. J'allais m'endormir…

« Voilà ton église, dit Bill en tenant un guide touristique ouvert devant moi. »

« Oui, c'est elle ! me suis-je écriée. Où se trouve-t-elle ? »

« Nulle part, dit-il. Tiens. Lis toi-même. »

En effet, l'église n'était plus nulle part, maintenant. Elle avait occupé anciennement le site même de la clinique Mayo, mais elle avait été rasée pour permettre la construction de l'hôpital.

« C'est donc pourquoi je la voyais d'en haut, dis-je à Bill. C'est parce qu'elle était dans le passé. Ça n'avait rien à voir avec l'avion. »

Puis un frisson m'a parcourue et j'ai cessé de parler de l'église.

Cette nuit-là, nous devions changer d'avion durant le trajet de retour, et nous avons attendu la correspondance presqu'une heure dans un aéroport désert et glacial. Il y avait une jeune femme dans le terminal, qui de toute évidence voyageait seule. Elle s'était lovée contre un mur, et je pouvais sentir des vagues et des vagues de misère qui la traversaient. Je l'ai mentionné à Bill, qui n'était pas d'avis que je devais aller lui parler. Nous étions tous les deux épuisés, et il ne se sentait pas la force d'entrer en contact avec des étrangers à ce stade. D'ailleurs, dit-il, il se pouvait bien que je m'imagine simplement sa détresse, puisqu'elle ne montrait aucun signe extérieur de quoi que ce soit, à part le manque de sommeil. Mais je ne pouvais pas me libérer des forts signaux de souffrance que je recevais d'elle. Finalement, j'ai dit à Bill que c'était plus fort que moi et je suis allée lui parler.

Elle s'appelait Charlotte et elle me dit que la peur la paralysait. C'était la première fois qu'elle prenait l'avion. Est-ce que j'accepterais de m'asseoir avec elle pour lui tenir la main ? Je l'ai amenée voir Bill et j'ai suggéré qu'elle s'assoie entre nous deux ; ainsi elle aurait un ami de chaque côté. Bill restait poli mais il n'était pas content. Ç'avait été un voyage difficile et il aurait préféré un vol de retour tranquille. Charlotte tremblait quand l'avion s'envola, mais je lui tenais la main et elle s'est vite calmée. Elle voulait parler. Il semble qu'elle s'était trouvée tout à coup « étouffée » dans sa propre vie, aussi avait-elle sommairement abandonné son mari et ses trois enfants avant de partir pour le seul endroit qui lui était venu à l'esprit : New York. Elle s'était remarquablement mal préparée, elle n'avait emporté qu'une petite valise d'effets personnels, et elle n'avait aucune idée de l'endroit où elle vivrait à New York. Mais elle n'était pas inquiète. Elle avait sur elle quelques centaines de dollars. Elle était luthérienne et elle était convaincue qu'il lui suffirait de trouver une église luthérienne à New York et qu'on prendrait soin d'elle. Bill et moi avons échangé un regard. Le message n'était pas difficile à comprendre. « Et ceci, ai-je cru entendre, est ma vraie église : aider quelqu'un d'autre – pas l'édifice que tu as vu tantôt. »

Bill s'était peut-être opposé à ce que j'approche Charlotte, mais il s'est vite rallié à la cause. Quand nous avons atterri à New York, il téléphona à un hôtel pour femmes et lui trouva une chambre. Nous l'y avons amenée en taxi et l'avons déposée à la porte en lui laissant nos noms et numéros de téléphone. Il n'a pas été difficile de rester en contact avec elle. Bill l'a rencontrée plusieurs fois par hasard durant la journée, et elle avait l'habitude de venir chez moi le soir. Elle n'a vécu à New York qu'un peu plus d'une semaine, puis elle a décidé de retourner chez elle. Nous avons fait le nécessaire pour son voyage de retour et je lui ai téléphoné le lendemain. Elle était saine et sauve et heureuse d'être chez elle, mais elle espérait revenir à New York un jour en visite. Tout le monde avait été si gentil avec elle ; elle était contente de savoir que tout le mal qu'on disait à propos des grandes villes était faux. Charlotte et moi avons correspondu pendant des années par la suite, et je lui ai toujours été reconnaissante d'être entrée dans ma vie. De fait, il semble que l'expérience de Charlotte ait signalé le commencement de la fin de la « magie » qui arrivait si régulièrement depuis trois mois.

L'automne approchait et l'été avait été épuisant. Bill, qui s'intéressait toujours à Cayce, m'a suggéré de prendre quelques jours de congé pour aller à Virginia Beach afin d'y voir de plus près de quoi il retournait. L'idée ne me plaisait pas. Cette sorte de choses m'effrayait encore et je ne voulais pas que ce soit vrai. C'était déjà assez pénible de ne pas comprendre ce qui m'arrivait. Je ne voulais surtout pas risquer une exacerbation de mes malheureux efforts « magiques », que j'étais maintenant bien prête à abandonner. Néanmoins, l'idée d'une petite vacance n'était pas mauvaise, et mon mari, qui me savait fatiguée, m'y encouragea. C'était la meilleure époque de l'année pour ce voyage, et il pensait que ça me ferait du bien. Lui et Bill étaient devenus des amis, et même s'il trouvait que Bill avait développé des intérêts plutôt étranges, mon mari savait qu'il prendrait soin de moi. Je suis partie pour Virginia Beach avec quelques appréhensions, mais avec bon espoir de m'y reposer.

Il se trouve que le voyage a été on ne peut moins reposant pour moi. Les gens de l'A.R.I., qui à l'époque n'était qu'un petit groupe voué à faire connaître Edgar Cayce parmi le grand public, étaient intelligents, sincères et, de toute évidence, sains d'esprit. Il était également impossible de rejeter du revers de la main l'énorme quantité de documentation disponible. J'étais impressionnée mais très mal à l'aise, même si Hugh Lynn Cayce, le fils d'Edgar Cayce qui dirigeait l'association, était particulièrement hospitalier et compatissant à notre endroit. Plus Bill montrait de l'intérêt, plus mon anxiété grandissait. Bill a continué de se renseigner durant l'après-midi et il a aussi acheté quelques livres sur le sujet. J'ai feuilleté un de ces livres et l'ai refermé aussi sec, mon malaise frôlant la panique. J'étais heureuse quand le voyage a été terminé. De retour chez moi, j'ai continué à feuilleter quelques-uns des livres que Bill avait achetés, mais je ne pouvais pas les lire. Pour moi, ils n'arrivaient qu'à faire résonner la note « magique ».

Ma propre période « magique » s'est terminée abruptement par un épisode imagée particulièrement clair dans lequel j'ai su que j'avais fait un choix irrévocable. Je me suis vue entrant dans une grotte creusée dans une falaise sur une morne côte balayée par le vent. Il n'y avait dans la grotte qu'un large et très ancien rouleau de parchemin. Les extrémités du rouleau étaient attachés à de lourds bâtons aux embouts dorés, et le parchemin était enroulé sur ces bâtons qui se rejoignaient au milieu où une corde les tenait attachés. Avec quelque difficulté, je suis parvenu à les détacher et à dérouler le parchemin juste assez pour dévoiler la colonne du milieu où était écrit : « DIEU EST. » Puis j'ai déroulé le parchemin au complet. Ce faisant, des lettres minuscules se mirent à apparaître des deux côtés de la colonne centrale. La Voix silencieuse que j'avais déjà « entendue » m'expliqua la situation mentalement :

« Si tu regardes le côté gauche, tu pourras lire le passé, dit la Voix. Si tu regardes le côté droit, tu pourras lire l'avenir. »

Les lettres de chaque côté de la colonne du milieu devenaient plus claires, mais je n'ai hésité qu'un court instant avant d'enrouler le parchemin suffisamment pour tout cacher sauf la colonne du milieu.

« Je n'ai pas envie de lire le passé ni le futur, dis-je finalement. Je vais m'arrêter ici. »

La Voix parut à la fois rassurée et rassurante.

« Tu as réussi cette fois, dit-elle. Merci. »

Et l'affaire, semble-t-il, était close.

Plusieurs fois par la suite, Helen ressentit quelque chose qui ressemblait à l'expérience du métro vécue quelques années plus tôt, mais d'une façon beaucoup moins intense. Cela se produisait généralement au milieu d'une foule, où elle ressentait une brève mais puissante affinité avec tout le monde.

Un soir d'été, mon mari et moi marchions sur un trottoir bondé de monde. Je fus envahie subitement par un profond sentiment de fraternité avec toutes les personnes présentes, et j'eus l'intuition que nous faisions tous le même voyage vers un but commun. Une autre fois, Bill, Louis et moi étions allés ensemble au théâtre. Assise dans le noir, j'avais conscience d'une puissante lumière intérieure qui avait pris naissance dans ma poitrine et devenait de plus en plus intense et envahissante jusqu'à ce qu'elle semble irradier dans tout le théâtre et envelopper tous ceux qui s'y trouvaient. Tout le temps que j'ai eu conscience de la lumière, soit une dizaine de minutes, j'ai aussi ressenti un profond sentiment de paix et de joie. Je n'arrivais pas à croire, pour un instant, que personne d'autre n'en était conscient.

Un incident similaire s'est produit quelque temps après, alors que Bill et moi assistions à une rencontre dans le sud de la France. Un soir, avant de m'endormir, un sentiment incroyable de force et de joie a monté en moi ; encore une fois, cela a commencé dans la région de la poitrine pour ensuite monter à ma tête et dans mes bras. Pendant quelques minutes, j'avais l'impression que j'aurais pu toucher le monde entier en tendant la main. Plus tard, cette expérience heureuse eut sa contrepartie sous la forme d'un sentiment de pure horreur que j'ai ressenti une nuit juste avant de repartir pour les États-Unis. J'étais fatiguée et je m'étais étendue quelques instants avant de me préparer pour la nuit. D'une manière on ne peut plus imprévisible, j'ai été saisie d'une rage meurtrière si intense que j'ai sauté hors du lit, encore tremblante. Ces deux expériences étaient si diamétralement opposées l'une à l'autre qu'elles semblaient représenter le ciel et l'enfer. Mais ce contraste étonnant ne m'était pas totalement étranger. La « bonne » prêtresse dont la seule fonction était d'aider et la « méchante », prête à transpercer Bill de sa lance, avaient présenté plus ou moins le même contraste.

Il m'est arrivé une seule fois de demander qu'une expérience vienne me réconforter, parce que j'avais le cafard. La réponse prit la forme de l'image d'une pépinière. Je pouvais voir les rangs bien nets de jeunes plantes, toutes parfaitement étiquetées et bien soignées. Près des plantes, il y avait un grand arrosoir. L'image ne me disait rien et j'en étais un peu irritée.

« Très, très utile, dis-je. En quoi est-ce censé m'aider ? »

« Regarde où poussent les plantes », dit la Voix silencieuse, maintenant familière.

« Mais qu'est-ce que cela signifie ? »

« Regarde – où – elles – poussent », répéta la Voix, lentement et distinctement.

« Oh, ça va », répondis-je d'une voix encore un peu maussade. Alors j'ai regardé l'image plus attentivement. La pépinière était située au milieu d'un désert aride et stérile. Il

n'y avait que le petit coin où poussaient les plantes qui fût humide et vert.

« Et maintenant que c'est enfin commencé, dit la Voix, tu vas continuer d'arroser, n'est-ce pas ? »

Presque saisie par l'émotion, j'ai dit que j'essaierais.

Il y eut quelques brèves périodes durant lesquelles ma conscience du temps était altérée. Le plus spectaculaire de ces incidents s'est produit un soir alors que je me brossais les cheveux et que j'étais on ne peut moins inspirée. C'est alors que j'ai vu ma vie représentée par une ligne dorée s'étendant vers l'arrière à l'infini et vers l'avant à l'infini. Il y avait une minuscule déclivité dans la ligne que je reconnus comme l'équivalent de ma vie actuelle. Elle était ridiculement petite et presque imperceptible. J'ai applaudi, sincèrement ravie.

« Quelle réelle importance peut bien avoir ce qui se passe dans cette microscopique portion de temps ? me suis-je demandé, ébahie et joyeuse. Ça semble long et important quand on y est, mais c'est passé en moins d'un instant et c'est comme si ça ne s'était jamais produit. » J'en suis restée convaincue pendant quelques minutes où il m'a semblé qu'un lourd fardeau avait été levé de mon esprit.

4

Toutes ces choses se sont produites à l'intérieur d'une période de quelques mois tout au plus. Un jour, durant le mois de septembre 1965, Helen dit à Bill qu'elle avait l'impression d'être sur le point de faire quelque chose de très inhabituel. Ce sentiment la troublait, parce qu'elle n'avait aucune idée de ce que serait ce « quelque chose » ; tout ce qu'elle savait, c'est qu'il arriverait bientôt. Puisqu'Helen avait commencé à écrire un journal peu après son voyage à Virginia Beach, Bill lui suggéra d'écrire tout ce qui lui venait à l'esprit en relation avec ce « quelque chose d'inhabituel » ; ainsi peut-être aurait-elle une idée de ce qui l'attendait. Ses premières tentatives furent vaines, et elle était sur le point d'abandonner quand, un soir d'octobre alors qu'elle était assise dans sa chambre à coucher, la Voix maintenant familière commença à lui donner des instructions précises.

Elle paniqua et téléphona immédiatement chez Bill : « Tu sais, cette Voix intérieure ? Elle ne veut pas me laisser tranquille ! »

« Qu'est-ce qu'elle dit ? » demanda Bill.

« Elle répète sans cesse : "Ceci est un cours en miracles. Prends des notes, s'il te plaît." Qu'est-ce que je dois faire ? »

D'une voix calme et rassurante, Bill dit : « Pourquoi ne prendrais-tu pas des notes ? Sers-toi de ta sténo. »

« Oui mais, Bill, continua Helen, si c'est du charabia ? Alors c'est sûr que je suis folle ! »

« Helen, laisse-moi te dire quelque chose, reprit Bill sans tenir compte de sa remarque. Depuis notre voyage à

Rochester, j'ai beaucoup lu, et je ne t'ai pas tout dit parce que je sais que tu n'aimes pas ce sujet. Mais il y a beaucoup de personnes – dont certaines sont très connues – qui ont été inspirées mystiquement. Einstein prétendait recevoir des informations de cette façon ; aussi les grands dramaturges, et tous les poètes mystiques ! »

« Je ne suis pas un poète mystique, protesta-t-elle. Je suis une psychologue, et je n'y crois pas. »

« Eh bien, puisque tu ne peux pas t'en débarrasser, pourquoi ne pas prendre des notes et les apporter au bureau de bonne heure demain matin – avant que tout le monde arrive –, on les relira ensemble. »

« Et si c'est du charabia ? »

« On déchirera tout et personne n'en saura jamais rien. »

« C'est promis, Bill ? »

« C'est promis. »

Helen raccrocha, alla au salon et dit à Louis qu'elle allait travailler dans la chambre à coucher, et qu'elle n'en aurait pas pour longtemps. Elle referma la porte derrière elle, éteignit le plafonnier et s'assit dans une chaise près d'une lampe où elle se permit d'écouter. Voici ce qu'elle entendit cette première nuit :

> *Ceci est un cours en miracles. C'est un cours obligatoire. Seul le moment où tu le suis relève de ta volonté. Une volonté libre ne signifie pas que tu peux établir le curriculum. Cela signifie seulement que tu peux choisir ce que tu veux suivre à un moment donné. Le cours ne vise pas à enseigner la signification de l'amour, car cela est au-delà de ce qui peut s'enseigner. Toutefois, il vise à enlever les blocages qui empêchent de prendre conscience de la présence de l'amour, qui est ton héritage naturel. L'opposé de l'amour est la peur, mais ce qui embrasse tout ne peut avoir d'opposé.*

Ce cours peut donc se résumer très simplement de cette façon :

Rien de réel ne peut être menacé.
Rien d'irréel n'existe.

En cela réside la paix de Dieu.

Même si la Voix voulait continuer, Helen, paniquée, refusa d'écouter plus longtemps. Elle referma vite son carnet de sténo et le mit dans la serviette qu'elle portait chaque jour avec elle à l'hôpital. Puis elle retourna au salon et dit à Louis qu'elle allait se coucher.

Le matin suivant, Bill arriva à l'hôpital à 7 heures 30, une demi-heure plus tôt qu'à l'ordinaire ; Helen y était déjà, dans un état de grande agitation.

« Je ne sais pas quoi faire, Bill, je ne sais pas du tout quoi faire. »

Bill lui suggéra de lire ce qu'elle avait noté et offrit de le taper lui-même à la machine puisque « je suis un meilleur dactylo que toi ». Malgré quelques bégaiements qui ne lui ressemblaient pas, Helen vint à bout de sa lecture. « Ça me semble plutôt intéressant, dit Bill. C'est tout ce qu'il y avait ? »

« Non, répondit Helen. Ç'aurait continué, mais j'ai pris peur. »

« Comment les mots viennent-ils ? »

« C'est difficile à décrire, répondit-elle. Ça ne peut pas vraiment être une hallucination, parce que la Voix ne vient pas de l'extérieur. Tout se passe à l'intérieur. Il n'y a pas vraiment de sons, les mots surgissent mentalement mais très clairement. C'est une sorte de dictée intérieure, si je puis dire. »

« Sais-tu ce que tu écris ? demanda Bill. Ou est-ce un processus automatique ? »

« Oh, non. Ce n'est pas automatique du tout. Je suis parfaitement consciente de ce que je fais. »

« Pourquoi n'essaierais-tu pas d'en écrire davantage cette nuit ? suggéra Bill. On verra ce qui arrivera. »

« Je ne pense pas pouvoir, dit-elle. Ça me bouleverse vraiment trop. »

Malgré sa réticence à continuer, Helen n'avait pas la capacité d'éliminer la Voix. Cela devint clair plus tard ce jour-là, alors qu'elle était au téléphone. Dès qu'elle raccrocha le combiné, la Voix commença. Elle sursauta et se dépêcha d'aller trouver Bill dans son bureau pour lui dire ce qui venait d'arriver. Après l'avoir rassurée en lui disant à nouveau qu'il n'y avait rien à craindre, il suggéra que la meilleure chose à faire était sans doute de prendre note des mots au fur et à mesure qu'ils lui venaient. À la fin, elle verrait ce qui était le plus dérangeant pour elle : écrire ou résister.

Elle discuta ainsi pendant une demi-heure, en répétant que ce n'était pas ce qu'elle voulait faire. Mais même durant cette discussion, pendant que Bill lui répondait, la voix intérieure réapparaissait doucement. En désespoir de cause, Helen accepta de continuer à prendre des notes. « Mais seulement jusqu'à ce qu'on sache ce que c'est. »

Il fallut moins de quinze minutes pour qu'elle ait une bonne idée de « ce que c'était », car peu de temps après être retournée à son bureau, la Voix commença à lui dicter les premiers mots du Texte d'*Un cours en miracles*. Elle entendit ceci : « Principes des miracles », et la suite :

> *1. Il n'y a pas d'ordre de difficulté dans les miracles. Aucun n'est « plus dur » ni « plus gros » qu'un autre. Ils sont tous les mêmes. Toutes les expressions d'amour sont maximales.*

2. Les miracles comme tels n'ont pas d'importance. La seule chose qui importe, c'est leur Source, qui est bien au-delà de toute évaluation.

3. Les miracles, en tant qu'expressions d'amour, se produisent naturellement. Le vrai miracle est l'amour qui les inspire. En ce sens tout ce qui vient de l'amour est un miracle.

4. Tous les miracles signifient la vie, et Dieu est le Donneur de vie. Sa Voix te dirigera très concrètement. Elle te dira tout ce que tu as besoin de savoir.

5. Les miracles sont des habitudes et devraient être involontaires. Ils ne devraient pas être sous un contrôle conscient. Des miracles choisis consciemment peuvent être mal dirigés.

6. Les miracles sont naturels. C'est lorsqu'ils ne se produisent pas que quelque chose ne va pas.

Le téléphone l'interrompit, et Helen n'entendit plus la Voix avant le soir, de retour chez elle. La Voix reprit alors la dictée des Principes des miracles là où elle avait laissé, au Numéro 7.

Cette nuit-là, Helen termina de prendre en note les cinquante principes des miracles qui ouvrent le Texte. Bien qu'elle refusât de lire ce qu'elle avait écrit, elle restait stupéfaite. Elle n'avait aucune idée de ce qu'était *Un cours en miracles* (il aurait pu se limiter à ces cinquante principes, si on lui avait demandé son avis) mais elle savait que les mots lui venaient d'une source digne de créance – un source en qui elle ne croyait pas intellectuellement.

*   *   *

Ainsi débuta la transmission du manuscrit qu'Helen allait transcrire dans plus d'une centaine de carnets de sténo au cours d'une période de sept ans et demie. La situation s'avéra terriblement paradoxale. D'une part, Helen n'a jamais pu accepter la Voix et la dictée qu'elle lui imposait ; elle avait peur du contenu de cette dictée et devait surmonter énormément de résistance, surtout les premiers temps, pour continuer. D'autre part, elle n'a jamais sérieusement pensé à ne pas le faire, bien qu'il arrivât fréquemment que ces interférences l'exaspèrent au plus haut point.

Le matin suivant la dictée des cinquante principes, elle rencontra Bill au bureau une heure avant l'arrivée prévue du personnel. Puisque leurs bureaux étaient situés un peu à l'écart dans l'édifice, emplacement que Bill avait choisi deux ans auparavant, ils n'avaient pas à se soucier des gens qui auraient pu s'arrêter en passant et leur demander ce qu'ils faisaient. Néanmoins, durant les sept ans et demie suivants, ils prirent l'habitude chaque matin de verrouiller la porte du bureau de Bill quand ils se rencontraient pour revoir les passages qu'Helen avait notés la veille.

Ce matin-là, quand Bill demanda à Helen de lui lire à haute voix ce qu'elle avait noté pour qu'il puisse le dactylographier, les mots ne voulaient pas sortir. Avant d'avoir pu terminer la première phrase, Helen fut prise d'une quinte de toux qui dura plus de cinq minutes. Puis elle dut se racler la gorge continuellement car elle avait toujours l'impression qu'elle se remplissait de phlegme. Après plus d'une heure, elle n'avait encore dicté que les huit premiers principes, et Bill devait partir pour se rendre à un rendez-vous. Ils convinrent d'essayer de finir la transcription après leur journée de travail.

Bill put enfin taper la totalité des cinquante principes plus tard ce jour-là, après maints balbutiements, bégaiements, bâillements et quintes de toux de la part d'Helen. Il lui donna la copie originale qu'il avait tapée et emporta la copie carbone chez lui. En lisant attentivement et en digérant lentement ce qu'il avait tapé, il se rendit compte que si cela était vrai, alors tout ce qu'il avait cru dans le passé devait être faux. Il n'était pas seulement étonné, mais très inquiet; s'il choisissait de prendre ces principes au sérieux, cela nécessiterait chez lui un gigantesque changement de toute sa façon de penser – un changement beaucoup plus grand que ce dont il se croyait capable. Il était conscient qu'il avait lui-même demandé « une meilleure voie », et il ne faisait pas de doute dans son esprit que ceci était la réponse à sa demande. Il n'avait jamais cherché à imaginer ce que pourrait être la réponse, et il n'aurait certainement jamais pu prévoir qu'elle viendrait sous cette forme. Il sentit les doutes l'envahir. Toutefois, il sentait également qu'il avait l'obligation d'au moins essayer de laisser son incrédulité de côté, car non seulement avait-il demandé cette réponse, mais il avait reconnu presque instantanément la vérité de plusieurs des cinquante principes. Il sentait également qu'ils lui étaient vaguement familiers, même s'ils contredisaient son système de croyances conscientes et ne ressemblaient pour lui à rien de connu, du moins en apparence.

Ce soir-là, Bill téléphona à Helen et lui demanda ce qu'elle pensait des cinquante principes. Elle lui répondit qu'elle ne les avait pas relus et n'avait pas l'intention de le faire. Elle dit qu'elle avait accepté avec réticence de prendre le texte en note, mais que cela ne signifiait pas qu'elle devait le lire, y penser, en parler ou y croire. Elle ajouta que la Voix avait continué de dicter ce soir-là, et qu'ils feraient mieux à l'avenir d'ajuster leur horaire de façon à se rencontrer régulièrement à son bureau à sept heures du matin.

Le matin suivant fut une répétition de la veille. Toutefois, à travers les quintes de toux, les soupirs et l'« incapacité de voir mes notes », Helen parvint à dicter, et Bill à taper, tout ce qu'elle avait transcrit la veille. Bill dit alors à Helen qu'il devait lui relire le texte pour s'assurer qu'il l'avait tapé correctement, et Helen, malgré ses réticences, reconnut qu'il avait raison. Aussi accepta-t-elle de l'écouter :

> *La révélation induit une suspension complète mais temporaire du doute et de la peur. Elle reflète la forme originelle de communication entre Dieu et Ses créations, qui implique le sentiment de création extrêmement personnel parfois recherché dans les relations physiques. L'intimité physique ne peut l'atteindre. Toutefois, les miracles sont authentiquement interpersonnels, et il en résulte une véritable intimité avec autrui.*

Helen interrompit Bill et le pria de recommencer. Quand il lui demanda pourquoi, elle répondit : « Je ne peux pas entendre les mots. Je peux voir tes lèvres bouger, mais je n'entends rien de ce que tu dis. » Au fil des ans, ce fut un mal persistant qui affectait Helen durant les lectures de Bill, bien qu'il arrivât toujours tôt ou tard à lui lire les passages qu'il avait tapés.

Dès le début, Helen et Bill s'entendaient pour dire que le texte les effrayait quand ils l'entendaient, bien que Bill dût admettre qu'il n'y avait rien dans le contenu qui soit effrayant en soi. Cependant, la menace que le Cours représentait pour son système de croyances, avec lequel il semblait irréconciliable, s'avéra un énorme problème pour lui. De plus, la terminologie religieuse et la source indiquée de la dictée n'étaient pas faciles à accepter ni pour l'un ni pour l'autre. Helen, une athée déclarée, ne doutait pas que le texte lui était dicté par Jésus, car le Cours, qui est écrit à la première personne, est très clair là-dessus :

> *Le nom de Jésus-Christ en soi n'est qu'un symbole. Mais il représente l'amour qui n'est pas de ce monde. C'est un symbole qui est utilisé sans risque pour remplacer les nombreux noms de tous les dieux que tu pries* [...] *Ce cours est venu de lui parce que ses paroles t'ont rejoint dans une langue que tu peux aimer et comprendre.*

À la fin des dix premiers jours, Bill avait tapé quatorze pages, mais quand il rencontra Helen le matin suivant, elle n'avait rien à lui lire. Puisque ni l'un ni l'autre n'avait la moindre idée de ce que devait être *Un cours en miracles*, ni de sa longueur, Bill se demanda si le Cours était complété. Helen répondit que non, mais qu'elle avait décidé de ne plus rien prendre en note tant qu'elle ne saurait pas à quoi il servirait. Bill eut une réponse on ne peut plus pragmatique : la seule façon pour elle de le savoir était de le demander à la Voix. « Si elle ne te le dit pas, elle ne veut pas que tu continues. » Cette idée était assez prometteuse pour qu'Helen accepte de demander. Voici la réponse qu'elle reçut ce soir-là :

> Le monde est dans un état alarmant. Des gens de partout dans le monde sont appelés à aider en apportant leur contribution individuelle au plan général. Une partie du plan consiste à transcrire *Un cours en miracles*, et je remplis mon rôle dans cette entente comme tu rempliras le tien. Tu utiliseras des aptitudes que tu as développées il y a longtemps, et que tu n'es pas réellement prête à réutiliser. Mais à cause de l'extrême urgence, le processus évolutif, ordinairement lent, est contourné par ce qui peut le mieux se décrire comme une « accélération céleste ».

Helen pouvait sentir l'urgence sous-jacente à cette « explication », malgré ce qu'elle pouvait penser de sa formulation. Le message était que le temps pressait. Contrairement à son habitude, Helen relut ce message. Quand elle eut terminé, elle savait qu'à un certain niveau qu'elle ne comprenait pas, elle s'était portée volontaire pour faire ce travail.

Ce texte lui paraissait si étrange et si bizarre qu'elle était prête à jeter son carnet de notes aux poubelles, et pourtant il avait réveillé en elle quelque chose comme un ancien souvenir où elle disait : « Bien sûr, Père, je vais y aller. Cela dure si peu longtemps. »

Quand même, elle n'était pas complètement satisfaite, car elle tenta une dernière fois d'abdiquer sa position. « Pourquoi moi ? demanda-t-elle. Je ne suis pas pieuse ; je ne comprends pas ces choses-là ; je n'y crois même pas. Je suis le plus mauvais choix qu'on puisse faire. »

La réponse fut très claire : « Au contraire, tu es un excellent choix. En fait, le meilleur. »

« Mais pourquoi ? », fit-elle, angoissée. Et puis, sans l'ombre d'un doute, elle entendit la réponse : « Parce que tu vas le faire. »

À cela, Helen n'avait rien à redire. Elle savait que la Voix avait raison; elle savait qu'elle le ferait. Dès cet instant, le sort d'*Un cours en miracles* en était jeté: Helen allait « l'écrire » jusqu'à la fin, quoiqu'elle soulèverait encore de vives objections en cours de route.

* * *

Même si elle était en quelque sorte prédestinée à transcrire le Cours, Helen était loin d'être une participante entièrement volontaire. Un matin, deux semaines après que la dictée eut commencé, Bill retira la dernière feuille de la dactylo et se mit à lire à Helen ce qu'il venait de taper selon la procédure qu'ils avaient établie précédemment. Quand il eut terminé de lire à haute voix, il lui demanda ce qu'une phrase en particulier signifiait pour elle. Elle répondit qu'elle écoutait non pas les phrases mais chaque mot séparément et seulement pour en vérifier l'exactitude, puisque le sens du texte n'avait aucun intérêt pour elle. Elle lui dit ensuite qu'à son avis, la meilleure façon de s'acquitter de cette tâche qu'ils semblaient avoir entreprise ensemble serait de la diviser: Bill s'attarderait au contenu tandis qu'elle s'occuperait du style, en veillant à ce que la syntaxe et la grammaire soient correctes, puisque c'est tout ce qui lui importait.

Bill savait à quel point Helen se sentait menacée par tout ce que le Cours impliquait, mais il savait également que sa curiosité intellectuelle était trop grande pour qu'elle continue à s'isoler du cœur de ce qu'elle transcrivait. Il se disait qu'avant longtemps, son intellect l'emporterait sur ses craintes et qu'elle finirait par être aussi absorbée que lui par le contenu du Cours. Mais il n'avait qu'à moitié raison, car bien qu'Helen fût parfaitement consciente de ce que le Cours disait, elle eut beaucoup de difficulté à en parler avec Bill pendant toute la première année.

Durant ce temps, pour aider Helen à surmonter ses craintes, Bill lui suggéra d'entrer en contact avec Hugh Lynn Cayce et de lui montrer ce qu'elle avait transcrit. Bien sûr, Helen rejeta l'idée immédiatement, alléguant que leurs carrières seraient compromises s'ils montraient le texte à qui que ce soit. Bill mit quelques semaines à la convaincre, mais il lui fit admettre qu'il serait sans doute utile de savoir ce que Hugh Lynn Cayce pensait du Cours, puisque son travail l'avait mis au fait de plusieurs expériences paranormales similaires. Helen accepta finalement que Bill lui montre ce qu'elle avait transcrit à la condition que leur rencontre demeure totalement confidentielle.

Dans ses recherches sur le paranormal, Bill était resté en relation avec l'A.R.I. et il n'eut aucune difficulté à organiser une rencontre avec Hugh Lynn, avec qui il avait gardé le contact par téléphone depuis leur voyage à Virginia Beach.

Ils se rencontrèrent à New York, où Lynn venait régulièrement, et Helen apporta presque tout ce qu'elle avait noté jusque-là. Puisque Bill lui avait raconté au téléphone tout le contexte dans lequel la dictée avait commencé, il ne restait plus rien à dire à ce sujet ; et après les civilités d'usage, Lynn demanda s'il pouvait regarder le manuscrit pendant qu'ils étaient là. À mesure qu'il tournait les pages, Lynn s'absorba de plus en plus dans sa lecture, et ses commentaires indiquaient qu'il était très impressionné.

Au bout d'un certain temps, il déposa le manuscrit et secoua la tête, étonné : « Remarquable, dit-il, c'est absolument inspiré. » Il continua en disant que certaines parties ressemblaient aux portions les plus spirituelles des transes de son père.

Puisque Bill avait déjà parlé à Lynn de la « gêne » d'Helen à propos de ce qui lui arrivait, Hugh Lynn prit la peine de lui dire qu'il était conscient de l'énormité de la tâche qu'elle accomplissait, et qu'il savait combien cela devait être difficile pour elle. « Toutefois, dit-il, il semble que vous ayez été choisie pour le faire, parce que vous êtes de toute évidence une âme très avancée. J'aimerais seulement que vous puissiez vous voir comme je vous vois. »

Bien que cette rencontre n'ait pas libéré Helen de ses appréhensions, le soutien de Hugh Lynn sembla lui apporter quelque réconfort, et elle continua son travail, sans être totalement à son aise, avec un moins grand malaise.

* * *

La Voix dictait à Helen presque chaque jour et parfois plusieurs fois par jour. Cela n'entrait jamais en conflit avec son travail ni avec sa vie privée, puisque la Voix se manifestait toujours à un moment où elle était raisonnablement libre d'écrire. Résultat, elle se mit à traîner son carnet de sténo partout où elle allait, « juste au cas ».

Bien sûr, cela ne signifiait pas qu'elle accomplirait sa tâche sans protester. Elle pouvait refuser de coopérer, ce qu'elle faisait souvent, surtout au début. Mais elle s'était vite rendu compte qu'elle n'arrivait pas à trouver la paix tant qu'elle n'était pas revenue sur sa décision. Même si elle était consciente de cette conséquence, il lui arrivait quand même de refuser d'écrire pendant de longues périodes. Dans ces cas-là, c'était souvent Louis qui la pressait de reprendre le collier, car il savait bien qu'elle ne pourrait se débarrasser de sa détresse qu'en retrouvant sa fonction de « scribe » du Cours, et il arrivait à la convaincre que de continuer à lutter contre l'inévitable ne pourrait avoir qu'un effet néfaste sur leur relation.

Il s'avéra que la Voix préférait dicter le soir. Helen s'y objectait amèrement, puisque l'écriture n'était pas du tout automatique et nécessitait sa pleine coopération, et elle détestait qu'on empiète ainsi sur ses soirées. Souvent, par défi, elle allait au lit sans avoir écrit. Alors elle ne pouvait pas dormir et tôt ou tard elle devait se lever, dépitée, pour écrire sous la dictée. Parfois elle était si fatiguée qu'elle retournait au lit et s'endormait après avoir transcrit seulement quelques paragraphes. Toutefois, elle se sentait obligée de continuer la section avant le déjeuner le lendemain matin et elle la terminait parfois en se rendant au travail ou à ses moments libres durant la journée. Elle ne savait jamais en commençant une phrase comment elle se terminerait, et les idées venaient si rapidement qu'elle avait du mal à les suivre, même si elle utilisait un mélange de symboles de sténo et d'abréviations qu'elle avait développé au fil des ans à force de prendre des notes en classe et durant les sessions de thérapie.

L'écriture était facile à interrompre. Au bureau, elle pouvait déposer le carnet de notes pour répondre au téléphone, parler à un patient, superviser le travail d'un nouvel employé ou répondre aux nombreux cas d'urgence, puis retourner à son écriture sans même vérifier où elle avait laissé. À la maison, elle pouvait parler à Louis, s'entretenir avec une amie ou faire la sieste, et retourner ensuite à son carnet sans déranger le moindrement le flux des mots. Il importait peu qu'elle ait arrêté à la fin d'un paragraphe ou au milieu d'une phrase. C'est comme si la Voix ne faisait qu'attendre qu'elle revienne, puis recommençait. Elle écrivait aussi aisément à la maison, au bureau, sur un banc de parc ou dans un taxi. La présence d'autres personnes ne la gênait pas du tout. Quand venait le temps d'écrire, les circonstances extérieures ne semblaient plus avoir aucune importance.

Bien sûr, ni Bill ni Helen ne savait combien de pages seraient dictées, et après deux mois d'écoute et d'écriture, Helen demanda quelle longueur aurait le Texte. La Voix répondit qu'elle saurait quand le Texte serait terminé parce qu'elle entendrait le « Amen » final.

Pour Helen, cette réponse était particulièrement frustrante, et elle dit à Bill que si la Voix ne se montrait pas plus coopérative, elle allait tout abandonner. Bill n'a pas cherché à la dissuader ; il lui a dit simplement de lui faire signe si elle changeait d'avis, et qu'il s'arrangerait pour être au bureau de bonne heure pour leur permettre de reprendre la dictée ensemble comme ils avaient l'habitude de le faire.

Helen retourna chez elle ce soir-là déterminée à ne pas écouter la Voix. Elle dormit très mal et elle était extrêmement irritable le lendemain à l'hôpital. Bill ne lui a pas parlé du Cours, n'abordant que les sujets reliés à ses travaux de recherche et au projet dont elle s'occupait.

Trois jours passèrent avant qu'Helen admette que son manque de sommeil et son angoisse étaient causés par son refus de transcrire ce qu'elle continuait d'entendre. Finalement, à 3 heures du matin, elle ouvrit son carnet de notes et la Voix reprit à l'endroit exact où elle avait laissé trois jours plus tôt.

Des épisodes comme celui-là se reproduisaient par intervalles. Malgré le fait qu'elle devenait extrêmement déprimée quand elle refusait de transcrire le Cours, Helen menaçait quand même périodiquement de démissionner. Même si la plus longue de ces périodes de retraite a duré près d'un mois, Bill n'a jamais considéré sérieusement qu'elle puisse ne pas compléter sa tâche. Et elle-même savait, fondamentalement, que ses « petites colères » n'étaient que des tactiques dilatoires.

Plus les pages s'accumulaient, et plus Bill les étudiait, plus il se rendait compte qu'il n'avait aucune formation en littérature spirituelle ou mystique, et que beaucoup de choses auxquelles le Cours faisait allusion lui échappaient. Il avait toujours associé les enseignements spirituels à la religion organisée, et il ne connaissait rien de la tradition mystique. Il reconnaissait donc que pour être en mesure de lire et d'évaluer le Cours sérieusement, il devrait suivre un cours accéléré non seulement sur les religions du monde mais aussi sur les pratiques mystiques, car il lui était évident que si le cours n'était pas une religion, il reposait quand même sur un fondement métaphysique.

Aussi commença-t-il immédiatement à lire aussi avidement que possible tous les livres qu'il pouvait trouver qui avaient un quelconque rapport avec les disciplines mystiques. Il amassa ainsi une vaste bibliothèque, collection qu'il essaya de partager avec Helen, qui ne voulait pas y toucher. Si elle n'était pas intéressée à lire elle-même des textes mystiques, elle était heureuse que Bill le fasse. Car plus il lui en disait sur ce qu'il apprenait, plus elle était rassurée : ce qu'elle faisait n'était pas si bizarre, mais au contraire s'accordait parfaitement avec les enseignements philosophiques et spirituels les plus profonds de tous les temps, orientaux comme occidentaux.

Environ six mois après avoir commencé leurs sessions matinales de dactylo, Helen remarqua que Bill insérait deux carbones dans la dactylo au lieu d'un. Elle lui demanda pourquoi et il lui répondit qu'un collègue avait voulu discuter de questions religieuses avec lui quelques mois auparavant. À l'époque, Bill lui avait dit que la religion et la quête spirituelle ne l'intéressaient pas et qu'ils n'avaient donc rien à se dire. « Mais maintenant, dit Bill à Helen, je pense que John devrait savoir ce que nous faisons et lire le texte avec nous. »

Aussitôt, Helen s'opposa avec véhémence à cette idée. Ce qu'ils faisaient, dit-elle, était très suspect du point de vue psychologique. Les gens croiraient qu'elle était folle et ils risquaient tous les deux de perdre leur emploi si un seul de leur collègue découvrait ce qu'ils faisaient. Bill lui assura que John était profondément intéressé par la philosophie des religions, que personne ne « découvrirait » rien et que ce serait un énorme avantage pour lui comme pour elle de pouvoir discuter avec John. Malgré ses appréhensions, elle finit par se laisser persuader que c'était la chose à faire.

Ce jour-là, Bill se rendit au bureau de John et lui raconta tout ce qui était arrivé. Intrigué, John avait hâte de commencer sa lecture.

Désormais, chaque matin à huit heures, John irait au bureau de Bill, qui lui remettrait la deuxième copie carbone des passages tapés la veille. Bill lisait ensuite le texte à voix haute et ils en discutaient ensemble aussi longtemps que leurs horaires le permettaient. John, qui avait été élevé dans la foi baptiste du Sud, avait beaucoup lu sur le sujet de la religion et ses commentaires judicieux permettaient à Bill de mettre le Cours en perspective.

Plus Bill lisait, et plus il discutait avec John, plus il se rendait compte que le Cours était une œuvre inspirée, profonde et extrêmement salutaire à quiconque veut guérir les relations qui le font souffrir. Plus le Texte prenait de l'ampleur, plus il reconnaissait que c'était bel et bien l'aide qu'il avait demandée : un livre qui indique comment trouver une « meilleure voie » dans le monde.

De toute évidence, c'est avec Helen qu'il devait commencer. S'ils pouvaient faire quelque progrès dans leur propre relation, alors il saurait que d'autres relations pourraient aussi guérir. Toutefois, lorsqu'il lui suggéra, timidement, que le Texte pourrait peut-être les aider à améliorer leur relation, la réaction d'Helen ne fut pas timide du tout. Elle commença par le gronder d'avoir été si naïf, puis elle l'accusa d'avoir tous les défauts et toutes les faiblesses qu'elle avait toujours vus en lui. Bill réagit instinctivement, l'accusant et la blâmant à son tour exactement comme il le faisait depuis des années.

Puis il se souvint de la raison pour laquelle il avait abordé ce sujet, et il cessa à la fois d'attaquer et de se défendre. Après quelque temps, Helen accepta de discuter avec lui de quelques concepts du Cours, dans le but non seulement de les comprendre pleinement mais de les mettre en pratique dans leur vie de tous les jours.

Ce ne fut pas tâche facile. La résistance d'Helen à discuter du contenu du Cours était énorme, et bien que Bill ait eu pour elle une réelle affection, il était encore incapable de passer outre à certains aspects de son comportement et de sa personnalité qui l'irritaient terriblement. Cela ne signifie pas qu'il n'y eut aucune amélioration dans leur relation. De fait, il y avait une amélioration vraiment « miraculeuse » qui s'opérait chaque fois qu'ils avaient à faire quoi que ce soit en rapport avec la dictée du Cours. Durant ces moments-là, il n'y avait jamais entre eux aucune friction, aucun conflit, mais toujours une pleine et totale coopération. C'est comme s'ils s'étaient unis pour produire quelque chose d'extraordinairement sacré... quelque chose qui ne laissait aucune place pour les habituels conflits de personnalités. Et quand ils partageaient un passage du Cours particulièrement beau et émouvant, on aurait dit que leur relation était réellement guérie.

Cela arriva une première fois quand ils atteignirent ce qui allait s'avérer être le milieu du Texte. Un soir, en transcrivant ce que la Voix lui dictait, Helen se rendit compte que ce qu'elle entendait n'avait aucun sens. Elle devint extrêmement agitée, car sa première réaction fut de croire qu'elle avait perdu l'esprit. Elle protesta auprès de la Voix, lui signalant que ce qu'elle disait était insensé, mais la Voix lui répondit calmement de continuer à prendre en note ce qu'elle entendait, lui assurant que les mots lui seraient parfaitement compréhensibles le lendemain matin. Elle n'était pas rassurée, mais elle nota les mots tels qu'elle les entendait, même si elle était certaine que ce qu'elle écrivait était pur charabia.

Quand elle rencontra Bill le lendemain, elle lui fit part de ses pires craintes... que malgré que la Voix ait tenté de l'assurer du contraire, elle était certaine que ce qu'elle allait lui lire n'avait ni queue ni tête.

Après avoir lu à Bill ce qu'elle avait transcrit la nuit précédente, il relut le passage à haute voix, et Helen l'écouta avec un mélange d'inquiétude et d'agitation. Voici ce que Bill lisait :

> *Pardonne-nous nos illusions, Père, et aide-nous à accepter notre véritable relation avec Toi, dans laquelle il n'est pas d'illusion et où nulle jamais ne pourra entrer. Notre sainteté est la Tienne. Que peut-il y avoir en nous qui ait besoin de pardon quand la Tienne est parfaite ? Le sommeil de l'oubli n'est que l'indésir de nous souvenir de Ton pardon et de Ton Amour. Ne nous laisse pas nous égarer en tentation, car la tentation du Fils de Dieu n'est pas Ta Volonté. Et laisse-nous recevoir uniquement ce que Tu as donné, et n'accepter que cela dans les esprits que Tu as créés et que Tu aimes. Amen.*

Bill eut du mal à terminer tant la voix lui manquait. Il regarda Helen et fut étonné de la voir éclater en sanglots. Instantanément, ils reconnurent tous les deux que ce passage qu'Helen n'avait pas voulu comprendre la nuit précédente était la version du Cours de la prière du Notre Père. Et bien que ni l'un ni l'autre n'ait dit un seul mot, chacun sentit une union avec l'autre qu'il n'avait jamais éprouvée auparavant.

* * *

La transcription du Texte continua encore pendant plus d'un an, et durant ce temps Bill continua d'essayer d'appliquer les principes du Cours dans toutes ses relations. Bien que son département fût encore en manque de fonds et qu'il n'y eût encore aucune ligne d'autorité bien définie qui l'aurait aidé à améliorer les conditions de travail, ses relations personnelles à l'hôpital – et les relations des employés entre eux – s'améliorèrent dramatiquement. Il y avait beaucoup plus de coopération et bien moins de compétition, et en général il y régnait une atmosphère plaisante. Sans le moindre doute, Bill attribua cela à l'aide qu'il avait reçue dans sa détermination à voir les choses différemment, comme le Cours le lui enseignait.

Et pourtant, il y avait encore un domaine dans lequel il n'y avait pas de résultats positifs, et ce domaine était sa relation avec Helen. Qu'ils soient en train de travailler sur un rapport de recherche ou sur une demande de subvention, ou simplement de prendre leur repas ensemble, ce qu'ils faisaient chaque midi, ils semblaient incapables ou indésireux de se voir l'un l'autre différemment que dans le passé. Ils pouvaient passer des heures à critiquer l'écriture de l'autre, les amis de l'autre, les habitudes de l'autre, et pourtant, paradoxalement, chacun pouvait apporter à l'autre l'aide dont il avait grandement besoin dans sa vie familiale et professionnelle. Car sans les suggestions d'Helen concernant plusieurs détails administratifs, suggestions que Bill finissait par accepter à contrecoeur, il n'aurait jamais réussi à améliorer l'efficacité du département autant qu'il le fit. Et sans le soutien indéfectible de Bill au plan professionnel, Helen n'aurait pas pu rester à l'hôpital et continuer l'excellent travail clinique qu'elle y faisait.

Si Bill semblait voir des résultats positifs dans la façon dont ses relations « difficiles » progressaient, Helen avait beaucoup plus de mal à mettre en pratique les principes du Cours. Il est indubitable que cela était dû à son incapacité d'abandonner complètement sa résistance initiale à prendre la dictée. Au fils de l'écriture, qui s'étala sur une période de plus de sept ans, sa terreur initiale s'estompa graduellement, mais une partie de son esprit ne lui a jamais permis de s'habituer à l'idée d'être un canal pour la Voix. Et même s'il y avait des moments où elle se sentait curieusement transportée en écrivant, ces moments étaient rares et d'ordinaire très brefs. La plupart du temps, elle restait tristement incroyante, suspicieuse et apeurée.

Durant tout ce temps, toutefois, dans ce seul domaine, elle pouvait compter sur le soutien total et inconditionnel de Bill, qui la consolait quand les craintes la submergeaient et l'écoutait patiemment quand elle était à son plus obstinée. De plus, l'attitude de son mari était étonnamment obligeante. Quelques semaines après qu'elle eut commencé à écrire à la maison, Louis lui demanda ce qu'elle faisait. Avec beaucoup de réticence, elle décida de lui dire la vérité. Sa réaction fut plus que tolérante. En fait, il l'encouragea à continuer. Même s'il était évident au début que le contenu le troublait (c'est pourquoi elle cessa désormais de le lui montrer), il l'encourageait quand même à persévérer, et au contraire d'Helen le processus même ne l'angoissait pas. Sans le soutien de ces deux hommes, il est sûr qu'elle n'aurait pas pu faire le travail.

À l'époque où Helen commençait à se sentir moins mal à l'aise avec le contenu du Cours, elle s'est surprise à changer de temps à autre quelques mots qu'elle jugeait incompatibles avec les concepts fondamentaux du texte qu'elle avait transcrit. Habituellement, le besoin de revenir au mot original était si pressant qu'elle le faisait dans les jours suivants. Si elle ne le faisait pas, la question la tourmentait jusqu'à ce qu'elle cède. De plus, il lui est vite devenu évident que les mots originaux n'étaient pas choisis au hasard, mais au contraire avec beaucoup de soin. Parfois, ce qui lui semblait incohérent ou incompatible au début s'expliquait plus tard, quand le vocabulaire initial s'avérait essentiel pour éclairer des passages subséquents. D'autres fois, des idées formulées d'une certaine manière revenaient plus tard dans un contexte auquel elle n'avait pas songé, aussi les changements qu'elle avait été tenté d'apporter auraient nui à l'uniformité plutôt que d'y ajouter, si ses propres sentiments l'avaient emporté.

Un jour, environ deux ans après que la dictée du Cours eut commencé, Helen commença à se rendre compte que bien des passages qu'elle transcrivait étaient d'une nature poétique. En relisant les dernières pages de son calepin, elle dit à Bill que ces quelques passages étaient écrits en vers blancs, des pentamètres iambiques, le vers de Shakespeare. « Depuis combien de temps est-ce écrit en vers, Bill ? demanda-t-elle. J'aime tellement la poésie. »

Bill sortit les quelque cinq cents pages manuscrites et s'aperçut, à sa grande surprise, qu'une grande partie du texte était écrite ainsi. Il n'arrivait pas à croire qu'il ait pu écouter, taper et lire ce texte pendant tant de mois sans se rendre compte d'une telle chose, aussi cette nuit-là reprit-il le texte depuis le début. Les premiers chapitres étaient certes écrits en prose, et il s'agissait de découvrir où le changement se produisait. Il tourna les pages rapidement, en lisant en diagonale, jusqu'à l'endroit – vers la fin – où le texte commençait à alterner entre la prose et les vers. En relisant et en ponctuant les mots de ce nouveau rythme qu'il leur reconnaissait, le texte semblait encore plus beau et plus inspirant. Il appela Helen au téléphone et lui dit ce qu'il avait appris, puis il lui lut ce passage :

Let us be still an instant, and forget
all things we ever learned, all thoughts we had,
and every preconception that we hold
of what things mean and what their purpose is.
Let us remember not our own ideas
of what the world is for. We do not know.

Let every image held of everyone
Be loosened from our minds and swept away[3].

Helen sembla profondément ravie et satisfaite. Après un court silence, elle dit : « N'est-ce pas que c'est beau, Bill ? N'est-ce pas que c'est beau ? »

En septembre 1968, trois ans et neuf cent quarante pages après avoir commencé à prendre en note ce que la Voix dictait, Helen entendit et transcrivit ceci :

En heureuse bienvenue, j'ai la main tendue vers chaque frère qui voudrait se joindre à moi afin d'aller au-delà de la tentation, et dont le regard se porte avec une fixe détermination vers la lumière qui luit au-delà avec une parfaite constance. Donne-moi les miens, car ils T'appartiennent. Pourrais-Tu échouer en ce qui n'est que Ta Volonté ? Je Te rends grâce de ce que sont mes frères. Au fur et à mesure que chacun choisit de se joindre à moi, le chant de grâce qui monte de la terre vers le Ciel grandit de petites bribes éparses de mélodie en un seul chœur qui embrasse toutes choses d'un monde rédimé de l'enfer, et Te rend grâce.

Et maintenant nous disons : Amen . Car le Christ est venu habiter dans la demeure que Tu as établie pour Lui avant que le temps fût, dans la calme éternité. Le voyage s'achève et prend fin à l'endroit où il a commencé. Il n'en reste plus trace. Aucune foi n'est accordée à aucune illusion, et pas une tache de ténèbres ne reste encore pour cacher à quiconque la face du Christ. Ta volonté est faite, complète et parfaitement, et toute la création Te reconnaît et Te connaît comme la seule Source qu'elle ait. Pareille à toi par sa clarté, la lumière rayonne de tout ce qui vit et se meut en Toi. Car nous

---

[3] « *Soyons calmes un instant et oublions toutes les choses que nous avons jamais apprises, toutes les pensées que nous avons eues, chaque préconception que nous avons sur ce que les choses signifient et ce qu'est leur but. Ne nous souvenons pas de nos propres idées sur ce à quoi sert le monde. Nous ne le savons pas. Puisse chaque image que nous avons d'autrui être relâchée de nos esprits et balayée.* »
Notez que la traduction française, soucieuse uniquement de la signification du Cours, n'a pas tenté de conserver la métrique. (N.d.T.)

sommes rendus là où nous tous ne faisons qu'un, et nous sommes chez nous, où Tu veux que nous soyons.

Helen déposa le carnet, décrocha le téléphone dans sa chambre à coucher et composa le numéro. Avec calme et révérence, elle dit : « Bill, *Un cours en miracles* est terminé. »

Bien entendu, Helen ne savait pas qu'elle se trompait quand elle disait à Bill qu'elle avait fini de recevoir le Cours, car ni elle ni Bill n'avait encore la moindre idée de ce qu'était vraiment *Un cours en miracles*. Bill, qui lisait avec avidité tout ce qu'il pouvait trouver sur le mysticisme et la métaphysique, savait qu'ils avaient entre les mains un document spirituel très proche des enseignements non dualistes de la Véda hindouiste, et que la profondeur de la Véda était certes comparable à la profondeur évidente du Cours. Il avait compris que les principes fondamentaux de l'un et de l'autre avaient de nombreuses similitudes, et que la principale différence entre les deux était que le Cours formulait ces vérités philosophiques éternelles dans un langage chrétien avec une application psychologique qui semblait s'adresser expressément à un public contemporain.

Il savait aussi que les quelque neuf cent cinquante pages dactylographiées qu'ils avaient accumulées contenaient la réponse à la question qu'il avait posée presque trois ans auparavant, à savoir s'il y avait une meilleure façon de vivre dans l'univers. Le Cours, il le savait, était sa réponse, et bien qu'il eût de la difficulté à s'expliquer ce qui était arrivé, il était convaincu que c'était arrivé parce que deux personnes s'étaient liées par un engagement conscient en vue d'un but commun. Et dans cette union où il n'entrait aucun jugement, quelque chose de miraculeux s'était produit.

De plus, le Cours s'était avéré un outil très pratique pour lui. Ses relations professionnelles avaient certes changé et s'étaient pacifiées. Les relations personnelles qui lui causaient le plus de difficulté étaient aussi devenues plus satisfaisantes. Seule sa relation avec Helen était une déception, car même s'il pensait vouloir que la relation soit plus paisible, il avait jusque-là été incapable de laisser la paix s'installer.

Le jour après qu'Helen eut appelé Bill pour lui dire que le Cours était terminé, ils se rencontrèrent dans son bureau avant le repas de midi. Bill ouvrit le meuble où il gardait le livre et déposa sur le bureau les six chemises qui contenaient le manuscrit.

« Il faudrait le ranger autrement, dit-il. Je vais chercher quelque chose pendant l'heure du repas. »

Quand Bill revint, il portait quelques gros classeurs noirs – de ceux qu'utilisent les étudiants pour ranger leurs thèses de doctorat.

« C'est tout ce que j'ai pu trouver qui était assez grand pour contenir tout le manuscrit », dit-il à Helen, et pendant qu'il y insérait les pages, il ajouta : « Eh bien, Helen, que va-t-on en faire maintenant ? »

« Faire ? Comment, "faire" ? On ne va rien faire du tout. Tu ne penses pas le montrer à quelqu'un, j'espère ? » dit-elle craintivement.

« Je ne pense à rien en particulier, Helen, mais je ne crois vraiment pas qu'on ait accompli tout ce travail durant presque trois ans pour ensuite le cacher dans une armoire. »

« En ce qui me concerne, dit-elle, ce serait parfait. »

« Pourquoi est-ce que tu ne demanderais pas ce qu'on doit faire ? »

La Voix était une autorité pour laquelle Helen avait développé beaucoup de respect, et elle répondit que c'était une bonne idée, et qu'elle demanderait en arrivant chez elle ce soir-là. En attendant, toutefois, elle voulait s'assurer que Bill était aussi d'avis qu'il ne fallait pas montrer le livre à qui que ce soit.

Bien sûr, Bill était d'accord, car il était conscient tout comme Helen que leur réputation académique en souffrirait grandement si l'histoire du Cours était divulguée.

Le lendemain matin, Helen rencontra Bill dans son bureau et lui dit que la Voix avait été très claire quand elle lui avait posé la question : il n'y avait rien à faire à ce stade. Bien entendu, Helen était soulagée.

Bill passa tous ses temps libres dans le mois qui suivit à lire et relire attentivement le Texte. Il était particulièrement impressionné par la cohérence absolue de l'ouvrage, puisqu'il n'arrivait pas à trouver le moindre passage ou la moindre idée contradictoire dans tout le livre. Par contre, il avait du mal à discerner exactement quel genre de « cours » ça devait être, car le manuscrit, tel qu'il l'avait dactylographié, contenait plus de deux cent cinquante mille mots sans aucune division de chapitre ni de sous-chapitre, et il se disait qu'un texte ininterrompu présenté d'une manière aussi sévère, aussi inspirant soit-il, attirerait très peu de lecteurs. Peut-être, se dit-il, le but du Cours avait-il été simplement de leur présenter son message, à Helen et à lui, pour leur propre usage… Mais il avait du mal à s'en convaincre, car la Voix n'aurait pas pu transmettre tant de connaissances pour le seul bénéfice de deux personnes aux prises avec des relations difficiles. Cela lui paraissait insensé. Il reconnut finalement que puisqu'il avait demandé une meilleure voie, et qu'il l'avait reçue, il fallait maintenant qu'il l'utilise, sans chercher à en faire quoi que ce soit.

5

De septembre 1968, après qu'Helen eut « complété » la transcription du Cours, jusqu'au printemps suivant, Bill et elle se sont impliqués dans plusieurs nouveaux projets à l'hôpital. Puis, un jour du début mai, durant l'heure du repas, elle lui dit : « Tu sais, Bill, je croyais être soulagée quand le Texte a pris fin, mais aussi étrange que cela puisse paraître, ma fonction me manque vraiment. » Les quelques jours suivants, elle devint de plus en plus agitée. « Je ne sais pas ce que c'est, Bill, dit-elle un peu confusément, mais je pense qu'il va y avoir quelque chose comme un livre d'exercices. »

Deux semaines plus tard, la Voix revint, et ils apprirent que le texte qu'Helen avait reçu durant ces trois dernières années n'était pas tout le Cours, comme chacun d'eux l'avait cru, et que le livre à venir, un Livre d'exercices pour étudiants, ferait partie intégrante d'*Un cours en miracles*. Helen ne sautait pas de joie ; pour ce qu'elle en savait, le livre d'exercices serait peut-être deux fois plus long que le Texte, et la dictée pourrait durer encore cinq ans ou plus.

Quand la Voix commença sa dictée, cependant, ses craintes furent vite dissipées, car les deux premiers paragraphes qu'elle transcrivit lui disait exactement à quoi s'attendre :

> *Un fondement théorique comme celui que le texte procure est un cadre nécessaire pour rendre les leçons de ce livre d'exercices signifiantes. Or c'est de faire les exercices qui rendra le but de ce cours possible. Un esprit inexercé ne peut rien accomplir. C'est le but de ce livre d'exercices d'entraîner ton esprit à penser de la façon qui est présentée dans le texte.*
>
> *Les exercices sont très simples. Ils ne requièrent pas beaucoup de temps et peu importe où tu les fais. Ils n'ont pas besoin de prépa-*

ration. La période d'entraînement est de un an. Les exercices sont numérotés de 1 à 365. N'entreprends pas de faire plus d'une leçon par jour.

Helen offrit beaucoup moins de résistance à la transcription du Livre d'exercices qu'elle l'avait fait pour le Texte. Cela pouvait être due au fait qu'elle était maintenant habituée à la Voix, mais c'était probablement aussi grâce au contenu de l'introduction au Livre d'exercices. Juste avant de recevoir la première leçon, Helen nota ce qui suit :

Souviens-toi seulement de ceci : tu n'as pas besoin de croire les idées, tu n'as pas besoin de les accepter, tu n'as même pas besoin de leur faire bon accueil. Il se peut qu'à certaines d'entre elles, tu résistes activement. Rien de tout cela n'a d'importance, et leur efficacité n'en est pas diminuée. Mais ne te permets pas de faire des exceptions dans l'application des idées que contient le livre d'exercices ; et quelles que soient tes réactions à ces idées, utilise-les. Rien d'autre que cela n'est requis.

Ainsi la Voix donnait expressément la permission de ne pas croire aux leçons si on le désirait, ce qui fut un grand soulagement pour Helen. Elle n'aurait donc pas à affronter les nombreux conflits idéologiques que le contenu du Texte lui avait fait vivre. De plus, la résistance d'Helen avait baissé parce qu'elle reconnaissait qu'en mettant les principes du Cours en pratique, les relations interpersonnelles étaient devenues beaucoup moins stressantes à l'hôpital. Ainsi, étant elle-même très pragmatique, elle pouvait difficilement choisir d'argumenter contre les idées fondamentales d'un cours qui semblait si utile.

Les premières leçons qui lui furent dictées étaient assez courtes, et cela aussi eut un effet positif. Elle savait qu'il n'y aurait que trois cent soixante cinq leçons, et elle pouvait voir, à la manière dont les premières étaient structurées, que la dictée du Livre d'exercices durerait beaucoup moins longtemps que celle du Texte. Bien sûr, les leçons se sont allongées par la suite, mais quand Helen s'en est rendu compte, elle était si absorbée par leur développement qu'elle cessa presque complètement de se plaindre des intrusions de la Voix dans sa vie.

Il fallut vingt et un mois pour compléter la dictée du Livre d'exercices. Durant cette période, le climat de travail beaucoup moins compétitif et beaucoup plus amical, qui régnait dans tout le département depuis que Bill avait commencé à appliquer les principes du Cours, ne cessa de s'améliorer. Cela aurait été remarquable dans les meilleures conditions, mais ce qui était vraiment miraculeux aux yeux de Bill, c'est que ces bons sentiments continuaient de proliférer même sous une énorme charge de travail et malgré les frustrations personnelles qui semblaient inévitables à l'intérieur de la structure organisationnelle de l'hôpital.

Quand la Voix atteignit la leçon 365 en février 1971, Helen fit une prière silencieuse de gratitude, car elle sentait à nouveau que son travail était terminé. Même l'épilogue qui suivait la dernière leçon semblait lui indiquer que sa fonction de « scribe » était terminée, car il commençait ainsi :

> *Ce cours est un commencement et non une fin* [...] *Il ne t'est plus assigné de leçons précises, car il n'en est plus besoin.*

Et il se terminait par ces mots :

> *Nous Lui confions nos voies et nous disons : Amen. En paix nous poursuivrons dans Sa voie et Lui confierons toutes choses. Avec confiance nous attendons Ses réponses en demandant Sa Volonté dans tout ce que nous faisons. Il aime le Fils de Dieu comme nous voudrions l'aimer. Et Il nous enseigne comment le contempler par Ses yeux et l'aimer comme Il l'aime. Tu ne vas pas seul. Les anges*

de Dieu volent tout près et tout autour de toi. Son Amour t'entoure et de ceci tu peux être sûr : que jamais je ne te laisserai inconsolé.

Une fois le Livre d'exercices terminé, Bill fit remarquer que sa clarté et son agencement progressif l'impressionnaient encore davantage que le Texte, car les leçons, qui amenaient tout doucement à un niveau de conscience plus élevé, étaient si solides au point de vue psychologique que seul un maître psychologue aurait pu les concevoir.

Malgré leur appréciation professionnelle de la qualité transcendante du Cours, et de l'efficacité de ses concepts, ni Bill ni Helen n'avait la moindre idée de ce qu'ils devaient en faire, hormis le lire, l'étudier et tenter de le mettre en pratique. Ils sentaient qu'à un moment donné il faudrait le partager, mais ils ne savaient ni quand ni comment. Toutefois, ils ne s'en souciaient pas outre mesure, car leur expérience des enseignements du Cours les portait à croire qu'au moment opportun leur guide intérieur les aiderait à prendre la bonne décision concernant sa destinée.

En attendant, le Cours continuait de changer leur vie. À maints égards, il leur était maintenant plus difficile de retourner à leur ancienne manière de travailler et de vivre avec les autres. Car lorsqu'ils le faisaient, ils ressentaient tous les deux un malaise grandissant. Leur frustration devenait alors si intense que ces interactions qui auparavant étaient sources de conflit leur causaient maintenant un stress beaucoup plus grand.

À l'été de 1971, Bill sentait qu'il devait « faire quelque chose » pour rendre le livre plus facile à lire, et il demanda à Helen si elle voulait bien réviser le Texte avec lui afin de lui donner un aspect moins sévère. Helen demanda s'ils devaient faire cette révision, et la Voix répondit par l'affirmative.

Ainsi commença un projet qui serait presque aussi prenant que la dictée elle-même l'avait été. Chaque fois qu'ils avaient un moment libre, et presque tous les samedis après-midi, Helen et Bill relisaient lentement le Texte en cherchant et en demandant à découvrir les endroits où les pauses s'inséraient naturellement. De cette façon, sur une période de quatorze mois, le texte fut divisé en trente et un chapitres et deux cent cinquante-cinq sections distinctes.

En avril 1972, alors qu'ils travaillaient encore sur les titres des sections du Texte, Helen vint trouver Bill dans son bureau et lui dit, d'un air presque résigné, que la Voix était revenue la nuit précédente pour lui annoncer qu'elle aurait bientôt à transcrire un Manuel pour enseignants. Elle ne savait pas du tout en quoi cela consisterait, mais l'expérience leur avait appris à tous les deux qu'ils le sauraient bien assez tôt s'ils faisaient preuve d'un peu de patience.

Le matin suivant, Helen dit à Bill en arrivant au bureau : « Eh bien, on dirait qu'*Un cours en miracles* n'est pas encore terminé. » Quand il lui demanda ce qu'elle voulait dire, elle ouvrit un de ses calepins de sténo et lui lut une partie de ce qu'elle avait transcrit la nuit précédente :

> *En fait, les rôles d'enseigner et d'apprendre sont inversés dans la pensée du monde. Cette inversion est caractéristique. C'est comme si l'enseignant et l'apprenant étaient séparés, l'enseignant donnant quelque chose à l'apprenant plutôt qu'à lui-même. De plus, l'acte d'enseigner est considéré comme une activité particulière, à laquelle une personne ne consacre qu'une portion relativement petite de son temps. Le cours, au contraire, met l'accent sur le fait qu'enseigner,* c'est *apprendre, de sorte qu'enseignant et apprenant sont le même. Il insiste aussi sur le fait qu'enseigner est un processus constant, qui se produit à chaque moment de la journée et se continue aussi dans les pensées endormies.*

Puis elle tourna trois ou quatre pages du calepin jusqu'à ce passage en particulier qu'elle tenait à lui lire :

> *Ceci est un manuel pour les enseignants de Dieu. Ils ne sont pas parfaits, sinon ils ne seraient pas ici. Or c'est leur mission de devenir parfaits ici, donc ils enseignent la perfection encore et encore, de maintes et maintes façons, jusqu'à ce qu'ils l'aient apprise. Et puis ils ne sont plus vus, bien que leurs pensées restent une source de force et de vérité à jamais. Qui sont-ils ? Comment sont-ils choisis ? Que font-ils ? Comment peuvent-ils accomplir leur propre salut et le salut du monde ? Ce manuel tente de répondre à ces questions.*

Elle referma le calepin et dit à Bill, d'une voix dénuée d'émotion : « Je suppose que les titres des sections peuvent attendre. »

Bien que Bill ne fût pas particulièrement enthousiaste à la perspective de passer encore des mois – voire des années – à dactylographier les textes que la Voix dicterait, intérieurement il était transporté de joie par la réaction d'Helen à cette situation. Il avait compris à son calme relatif qu'un réel changement s'était opéré en elle ; elle ne montrait aucun signe de panique comme auparavant, et bien qu'elle non plus ne fût pas très chaude à l'idée de reprendre son rôle de « scribe », les peurs qu'elle avait montrées précédemment avaient disparu. Pour Bill, cela en soi était un miracle. Si ce changement chez Helen pouvait être attribué à son travail sur les leçons du Cours, alors peu importe combien de temps il devrait encore mettre à compléter la transcription du livre, car non seulement cela valait bien tous les sacrifices mais en réalité c'était un réel privilège pour lui.

Le Manuel pour enseignants s'avéra être un texte de soixante-dix-sept pages dactylographiées. En septembre 1972, Helen écrivit ceci :

> *Ce manuel n'est pas censé répondre à toutes les questions que peuvent soulever et l'enseignant et l'élève. De fait, il ne couvre que quelques-unes des plus évidentes par un bref résumé de certains des*

concepts majeurs du texte et du livre d'exercices. Ce n'est pas un substitut ni de l'un ni de l'autre, mais simplement un complément. Bien qu'il s'appelle manuel pour enseignants, il faut se rappeler que seul le temps sépare enseignant et élève, de sorte que la différence est temporaire par définition. Dans certains cas, cela peut aider l'élève de lire le manuel en premier. D'autres feraient peut-être mieux de commencer par le livre d'exercices. D'autres encore ont peut-être besoin de débuter au niveau plus abstrait du texte.

Elle écrivit encore cette nuit-là et le lendemain elle lut tout ce qu'elle avait noté à Bill, en terminant par ceci :

Et maintenant en tout ce que tu fais sois béni.
Dieu Se tourne vers toi pour que tu L'aides à
sauver le monde. Enseignant de Dieu,
Il t'offre Ses remerciements et le monde entier
se tient en silence dans la grâce que tu apportes
de Lui. Tu es le Fils qu'Il aime et il t'est donné
d'être le moyen par lequel Sa Voix se fait
entendre tout autour du monde,
pour clore toutes choses du temps,
pour mettre fin à la vue de toutes choses visibles,
et pour défaire toutes choses qui changent.
Par toi est inauguré un monde ni vu, ni entendu,
mais véritablement là. Tu es saint, et dans
ta lumière le monde reflète ta sainteté,
car tu n'es pas seul et sans ami. Je rends grâce
pour toi, et je me joins à tes efforts au Nom de Dieu,
connaissant qu'ils sont faits en mon nom aussi,
et pour tous ceux qui vont vers Dieu avec moi.

AMEN

Quand Helen termina sa lecture, ils étaient encore une fois convaincus tous les deux qu'*Un cours en miracles* était bel et bien complété. Cette fois, ils avaient raison.

6

Entre septembre 1972, quand la transcription du Cours fut terminée, et le mois de mars suivant, Bill fit voir le livre à seulement quatre personnes : Hugh Lynn Cayce, le père Michael, un prêtre catholique qui suivait un des cours de psychologie que Bill donnait, et deux proches amis.

Chacune de ces personnes eut une réaction positive, mais différente, au Cours. Les deux amis jugeaient le contenu intéressant intellectuellement, mais n'avaient pas du tout l'intention de faire les leçons. Hugh Lynn considérait que le livre était « extrêmement important » et que par son contenu il pourrait changer des millions de vies. Le prêtre, qui avait étudié l'histoire des religions et le mysticisme, trouvait que le Cours s'accordait parfaitement avec les grands enseignements mystiques de l'Orient, et que les leçons étaient brillamment conçues.

Bill avait eu beaucoup de difficulté à convaincre Helen de montrer le Cours à ces quatre personnes, et comme il n'avait pas envie de recommencer le même genre de discussions, il ne chercha pas davantage à lui trouver de nouveaux lecteurs. Ainsi le Cours retourna dans ses classeurs, à l'abri des regards, en attendant ce que l'avenir lui réservait.

En septembre, après que le Cours fut complété, Bill lut un article dans un journal médical intitulé « Mysticisme et schizophrénie », de Kenneth Wapnick, Ph.D. Bill savait que le sujet passionnerait le père Michael, aussi lui prêta-t-il l'article en question, puis il n'y pensa plus. Le père Michael, toutefois, réfléchit longuement aux idées présentées dans cet article, et à son auteur.

* * *

Kenneth Wapnick avait trente ans et il avait obtenu son doctorat en psychologie quatre ans plus tôt. Il était né et avait grandi dans la foi juive, mais au milieu de l'année 1972, par suite d'une profonde expérience mystique, il avait « su » qu'il devait devenir catholique. Aussi avait-il été officiellement baptisé en octobre de la même année. Le prêtre qui l'avait baptisé pensait tellement de bien du nouveau converti qu'il parla à son ami, le père Michael, du beau baptême qu'il avait conféré à « un psychologue nommé Ken Wapnick ».

Ce nom frappa immédiatement le père Michael, qui avoua à son ami qu'il aimerait bien rencontrer ce Ken Wapnick. Le prêtre répondit qu'il serait ravi de les présenter, mais que le docteur Wapnick s'apprêtait à partir pour Israël et qu'il ne connaissait pas son emploi du temps. Il promit toutefois de lui donner le numéro de téléphone du père Michael et de faire de son mieux pour favoriser leur rencontre.

Quelques jours plus tard, Ken téléphona au père Michael et ils prirent rendez-vous. Il se découvrirent immédiatement des affinités et ne mirent pas de temps à se lier d'amitié. Au fil de leurs nombreuses discussions sur la psychologie et le mysticisme, le père Michael mentionna deux psychologues de ses amis que Ken aimerait sans doute rencontrer, mais ce n'est pas avant qu'il soit sur le point de partir pour Israël que le père Michael le présenta à Bill et Helen.

La rencontre eut lieu le soir dans l'appartement de Bill. La conversation porta principalement sur des questions et des théories professionnelles, mais à un moment donné Bill mentionna le texte qu'Helen avait écrit, et demanda à Ken s'il était intéressé à le regarder. Quand Ken vit la grosseur du manuscrit, il refusa poliment, alléguant qu'il partait dans quelques jours et qu'il n'aurait simplement pas le temps de lui porter toute l'attention voulue.

Toutefois, une fois rendu en Israël, Ken se surprit à penser énormément à ce manuscrit que Bill avait mentionné. Il ne savait pas pourquoi, mais il revenait sans cesse dans ses pensées, et il savait qu'en retournant aux États-Unis, il irait trouver Bill et tâcherait d'en savoir plus sur ce fameux livre.

Ken Wapnick passa cinq mois en Israël, dont trois mois et demie dans un monastère trappiste et cinq semaines dans un monastère situé littéralement au sommet d'une montagne en basse Galilée. Ce monastère avait été créé dans le but de développer une communauté où musulmans, chrétiens et Juifs vivraient et prieraient ensemble. La messe était dite en hébreu, de même que les prières communautaires, et Ken y était heureux plus qu'à l'ordinaire. Il pensait que ce lieu serait peut-être sa destination finale. Toutefois, en mai 1973, quelque chose lui dit de retourner aux États-Unis. Il était guidé par cette seule inspiration de revenir chez lui, mais en y pensant bien il put trouver au moins trois raisons à ce voyage : guérir les relations avec sa famille ; renouer les liens avec des amis ; et voir le manuscrit dont Bill lui avait parlé quelques jours avant de quitter New York et qui était resté dans ses pensées durant tout son séjour en Israël.

Quand il revint à New York, Ken ne savait pas combien de temps il passerait aux États-Unis, car son idée était de n'y faire qu'une visite avant de retourner vivre dans ce monastère en Israël pour une période de temps indéterminée. Le Père Michael l'accueillit à l'aéroport, et l'une des premières choses que Ken dit à son ami fut qu'il aimerait voir Bill Thetford et le manuscrit qu'il lui avait montré. Cinq jours plus tard, Bill lui remettait le manuscrit de 1500 pages et Ken découvrait que le livre s'intitulait *Un cours en miracles*.

Ken ne fit presque rien d'autre que lire le Cours durant les deux mois et demie suivants. Durant ce temps, il eut le sentiment grandissant que sa vie spirituelle était liée d'une certaine façon à ce livre, et qu'il ne retournerait pas en Israël pour y vivre ni même pour y séjourner très longtemps. Quand il eut enfin terminé de lire tout le Cours, sa voie était toute tracée : il irait brièvement en Israël, le temps de régler quelques détails, puis il reviendrait à New York afin de travailler d'une façon ou d'une autre avec Bill et Helen, et avec le Cours.

Il croyait aussi qu'il était important que Bill et Helen visitent Israël et il suggéra qu'ils s'y rendent pendant que lui-même y serait ; ainsi il pourrait leur faire voir ce qu'il considérait comme les sites importants.

Puisque Bill et Helen avaient des vacances à prendre et puisqu'ils avaient tous les deux le désir d'aller en Terre sainte, ils décidèrent que l'offre de Ken de leur servir de guide donnerait à leur visite une dimension supplémentaire dont ils n'auraient pas pu profiter autrement.

Ainsi, dans la troisième semaine d'août 1973, un mois après que Ken fut retourné en Israël et malgré les appréhensions d'Helen concernant la chaleur légendaire de l'été israélien, Bill, Helen et Louis montèrent dans un avion de la compagnie El Al en direction de Tel Aviv.

Tout en se plaignant continuellement de la « chaleur insupportable », Helen participa pleinement à l'aventure que Ken leur offrait. Sa visite à Qumrân, où fut découvert le manuscrit de la mer morte, fut particulièrement émouvante.

Comme ils approchaient de l'endroit exact où le manuscrit fut découvert, Helen s'arrêta soudainement, estomaquée. Elle fixait l'entrée de la grotte, puis elle éclata en sanglots. Bill et Louis tentèrent désespérément de la consoler, mais elle demeura incapable de parler pendant presque cinq minutes. Quand elle reprit son calme, elle parla si faiblement que les autres durent tendre l'oreille pour saisir ce qu'elle disait.

« C'est la grotte, dit-elle d'une voix tremblante. C'est la grotte où j'ai vu le parchemin qui disait "DIEU EST" ».

Aucun des autres ne dit mot ; il n'y avait rien à dire.

Quelques instants après, alors qu'ils s'imprégnaient de l'atmosphère historique des environs de la mer morte, Helen murmura, à moitié pour elle-même : « Il y a quelque chose qui cloche avec le niveau de l'eau. Il est trop bas... il était beaucoup plus élevé. » Bill, qui ne prenait aucune des réflexions d'Helen à la légère, ouvrit un guide qu'il avait acheté en arrivant en Israël et se mit à le feuilleter. « Très intéressant, Helen, dit-il. Le guide dit qu'au temps des Esséniens le niveau de l'eau de la mer morte était beaucoup plus élevé. » Tous restaient silencieux. Finalement, Helen, visiblement émue, fit remarquer : « C'est l'endroit le plus sacré de la terre. »

Ils reprirent leur visite et quelques instants plus tard, en passant devant quelques reliques, Helen s'arrêta à nouveau abruptement.

Elle regardait par-delà une légère dépression de terrain en direction d'un ancien cimetière. « Il y a quelque chose de très familier là-bas, dit-elle. Je veux aller y voir de plus près. » Mais avant qu'elle ait fait deux pas, la Voix qui lui était devenue si familière lui dit soudain : « Laisse les morts enterrer leurs morts. » Helen s'arrêta, sachant fort bien ce que cela signifiait.

Les expériences d'Helen en Israël, aussi chargées émotionnellement qu'elles puissent paraître, n'eurent pas pour effet de changer son attitude envers Dieu, la réincarnation ou tout autre sujet de nature spirituelle. Elle ne pouvait pas nier que ces expériences l'avaient touchée, mais ses croyances et ses idées concernant Dieu restèrent aussi ambivalentes que jamais.

Helen, Louis, Bill et Ken retournèrent ensemble à New York au début septembre. Même si Bill avait indiqué à Ken qu'il était peu probable qu'un poste s'ouvre pour lui dans son département, Ken n'en écouta pas moins son instinct qui le dirigeait vers le Centre médical. De plus, puisqu'il avait épargné une petite somme d'argent, et qu'il comptait habiter à peu de frais dans un hôtel catholique du West Side de Manhattan, ses actions, du moins dans le proche avenir, ne dépendaient pas d'un emploi rémunéré ; or l'attirance qu'il ressentait pour le manuscrit était si grande qu'il devait s'y consacrer peu importe les obstacles qu'il aurait à affronter.

Aussi, à partir de la mi-septembre 1973, Ken se rendit au Centre médical chaque jour, même s'il n'avait pas de travail officiel à y faire. Il passait ses journées à lire et relire consciencieusement chaque section du Cours, puis à discuter avec Helen de ce qu'ils devaient faire pour que le texte soit parfaitement clair. C'est un travail qui ne pouvait se faire qu'avec un dévouement et un amour sans réserve. Il fallut plus de mille heures pour déterminer la ponctuation précise à utiliser et ce qui devait ou ne devait pas porter la majuscule. Aussi, Ken passa beaucoup de temps à revoir et à parfaire le découpage en sections et les titres que Bill et Helen avaient insérés l'année précédente. Bill et Helen avaient fait ce travail de découpage du mieux qu'ils le pouvaient, mais aucun des deux n'était réellement satisfait du résultat. Ken se chargea donc de convaincre Helen de travailler avec lui pour s'assurer que les titres du Cours s'harmonisaient à la pureté du contenu. Quand ils ne pouvaient pas s'entendre sur une question, Ken et Helen demandaient à être guidés, et les réponses que chacun recevait coïncidaient toujours.

Bien que Ken ne cherchât jamais à augmenter ses revenus en développant une clientèle privée, trois mois après avoir commencé à travailler avec Helen, le père Michael lui adressa deux prêtres pour consultation. Ce fut le début d'un modeste cabinet privé que Ken allait bâtir uniquement par recommandations. À compter de l'automne de 1974, il passerait tous ses vendredis avec des clients venus le consulter pour des problèmes psychologiques.

À la même époque, Bill lui trouva un poste de psychologue à temps partiel dans son département. Tout cela arrivait à un moment on ne peut plus opportun, puisque les réserves de Ken étaient taries, et il commençait à se demander ce qu'il ferait.

En 1975, à l'approche de Noël, Ken eut le sentiment pressant qu'il devait terminer le travail d'édition. Il ne savait pas d'où lui venait cette urgence, et cela n'était certes pas facile pour lui puisque plus il poussait Helen à travailler, plus elle résistait. Or il savait qu'il devait insister, et il savait qu'ils devaient y arriver. Aussi passa-t-il dorénavant tous les soirs et les week-ends, et tous les moments libres où il parvenait à convaincre Helen de collaborer, à finir la tâche monumentale qu'il s'était donné la responsabilité d'accomplir.

À la fin janvier, le travail était terminé à la satisfaction complète de tous, et le livre qui avait été à l'origine un manuscrit ininterrompu de 500,000 mots était devenu un cours autodidactique facile à lire et d'un style cohérent du début à la fin. Helen, Bill et Ken ressentirent un immense soulagement, mais le sentiment de chacun différait quelque peu selon son attitude et sa personnalité. Ce qu'Helen ressentit était une libération ; Bill était satisfait de savoir qu'ils avaient fait de leur mieux ; et Ken ressentait une immense gratitude d'avoir pu contribuer à un ouvrage d'une telle importance spirituelle.

Durant ce temps, Bill s'interrogeait sur les façons de rendre les théories du Cours sur la guérison plus acceptables auprès des représentants de la médecine traditionnelle. Il avait lu plusieurs articles sur divers sujets qui lui semblaient pertinents, et parmi ceux-ci se trouvaient quelques informations étonnantes au sujet d'une invention russe appelée « photographie kirlienne ». Il expliqua à Helen que ce procédé était une forme de photographie à haut voltage qui semblait révéler le champ magnétique autour de la matière. Bill se demandait si une telle invention pourrait servir à démontrer l'existence des énergies non physiques grâce à la technologie, ce qui rendrait le sujet plus acceptable pour la communauté scientifique.

Helen répondit qu'elle n'en savait rien, mais qu'elle demanderait. Deux jours plus tard, elle revint vers Bill avec la transcription de ce qui semblait être une réponse à la question.

« Ça n'a rien à voir avec la lumière, dit-elle. C'est le son. » Puis elle lut le début d'un texte hautement technique qui les surprit tous les deux par sa nature scientifique.

La dictée décrivait un appareil qui pourrait, une fois construit, mesurer la guérison du corps. Ses *Notes sur le son* n'étaient pas complètes ni parfaitement claires, mais s'y ajoutaient des images de l'appareil qu'Helen avait vu mentalement et qu'elle pouvait décrire en ses propres mots. Ni Bill ni Helen ne comprirent l'aspect technique de la transcription, aussi décidèrent-ils de ranger ce texte en attendant que quelqu'un possédant une formation d'ingénieur entre dans leur vie[4]. En attendant, ils poursuivirent leurs tâches professionnelles, tout en faisant très peu de progrès dans la guérison de leur relation personnelle.

Un jour, à peu près à la même époque, Bill travaillait à son bureau quand le téléphone sonna. La voix à l'autre bout du fil se présenta comme étant l'ami d'un collègue. Il appelait, dit-il, parce que quelques-uns de ses associés et lui prévoyaient tenir un colloque sur le sujet de la photographie kirlienne, et il voulait savoir s'ils pouvaient louer l'auditorium de l'hôpital. Bill répondit qu'il était impossible de louer l'auditorium à quiconque n'était pas associé à l'hôpital, alors l'homme lui demanda s'il pouvait lui suggérer un endroit où tenir le colloque. Bill donna le premier nom qui lui vint à l'esprit : l'Académie de médecine de la Cinquième avenue au coin de la 104ème rue. L'homme était ravi de cette idée, remercia Bill et raccrocha.

---

[4] Au fil des ans, plusieurs scientifiques renommés ont pris connaissance de ce texte, mais à ce jour aucun d'entre eux n'a pu fournir l'information nécessaire pour construire l'appareil.

Bill ne pensa plus à ce coup de téléphone jusqu'à six mois plus tard quand il reçut une invitation au Premier Colloque international sur la Photographie kirlienne qui aurait lieu trois semaines plus tard. L'homme à qui il avait parlé avait écrit sur le carton d'invitation : « Merci. Je vous en prie, venez », pour remercier Bill de son aide. À cause des *Notes sur le son*, Bill eut le pressentiment qu'il devait y assister. Il demanda à Helen et Ken ce qu'ils en pensaient, et ensemble ils demandèrent à être guidés. La réponse fut très claire : Helen et Ken ne devaient pas y assister ; Bill, si.

Le samedi matin du colloque était une belle journée de printemps, et Bill partit pour l'Académie de médecine en maugréant, très mal disposé à passer la journée à l'intérieur.

« Pourquoi aller là ? » grommelait-il en remontant à pied la Cinquième avenue. Finalement, il se dit que la raison était peut-être qu'il pourrait y rencontrer Douglas Dean, l'un des conférenciers, qui était un professeur d'ingénierie. Bill avait entendu parler du professeur Dean et des recherches qu'il avait menées sur les guérisons paranormales, et l'idée lui était venue que celui-ci pourrait peut-être jeter quelque lumière sur l'appareil de guérison d'Helen.

Quand il arriva à l'Académie, il se présenta au coordonnateur du colloque qui l'avait appelé au tout début pour louer l'auditorium de l'hôpital.

« Est-ce que je peux faire quelque chose pour vous ? » demanda l'homme.

« Oui, répondit Bill. J'aimerais rencontrer Douglas Dean. »

Le coordonnateur les présenta immédiatement, et ils commencèrent à discuter de phénomènes paranormaux. Puisque le colloque comme tel allait bientôt débuter, ils convinrent de continuer leur conversation un autre jour, peut-être au cours d'un repas, et ils se donnèrent rendez-vous au bureau de Bill dans dix jours.

Puis ce fut l'ouverture du colloque. Après les premiers mots de bienvenue, la conférence d'ouverture fut donnée par une professeur de parapsychologie de quarante-cinq ans nommée Judith Skutch. Ce n'était pas la première fois que Bill voyait Judith. Il avait assisté à une rencontre d'une journée sur la parapsychologie à l'hôtel de ville environ un an auparavant, rencontre qu'elle avait présidée. Quand Judith commença sa causerie, Bill songea : « Il faudrait bien que je lui parle un de ces jours, mais pas aujourd'hui. »

Helen à New York en 1917.

Helen à dix-huit ans.

Helen et Louis Schucman à l'époque de leur mariage.

Bill Thetford en 1983.

Helen et Bill en 1976.

Helen et Judy Skutch en 1976.

Helen et Ken Wapnick en 1977.

Helen et Jerry Jampolsky en 1976.

7

Bien que Judith Skutch ait été élevée dans un quartier typique de la haute bourgeoisie de Brooklyn, on ne peut guère dire qu'elle ait eu une enfance « typique ».

À l'âge de sept ans, alors qu'elle était en troisième année, le Ministère de l'éducation mit à l'essai un nouveau programme pour les enfants doués et Judith fut choisie pour y participer. Le programme était basé sur la théorie voulant qu'une éducation dirigée par l'enfant lui-même favoriserait l'apprentissage et la créativité. À ce jeune âge, les écoliers se voyaient offerts des cours de langues étrangères, des programmes flexibles de mathématiques et de sciences, ainsi que des cours de lecture rapide et de dactylo. On encourageait également le travail en groupe, et les travaux de recherche exhaustifs étaient monnaie courante.

Aussi passionnant que le programme ait pu être, cela signifiait aussi que durant les cinq prochaines années, Judith serait conduite en autobus jusqu'à l'école publique située assez loin de chez elle. Ce transport lui prenait beaucoup de temps, mais ses parents insistaient également pour qu'elle allât à l'école hébraïque quatre après-midi par semaine ainsi qu'à l'école du dimanche. Son père, Samuel Rothstein, un avocat, qui était l'un des leaders laïcs de la communauté juive internationale, accordait une immense importance à son héritage et voulait s'assurer que ses enfants seraient versés dans la signification du judaïsme.

Avec la synagogue tous les samedis matin, les leçons de musique durant la semaine et très peu de camarades de classe vivant près de chez elle, Judith avait peu de temps et peu d'occasions pour une vie sociale normale durant ces années de préadolescence. Avec pour résultat que les livres sont devenus ses compagnons.

Quand elle termina l'école primaire, le programme fut repris dans une école secondaire de son quartier. L'une des directives du programme était de garder les enfants doués séparés des autres élèves, de sorte que même si elle n'avait plus à subir des heures de transport chaque jour, elle n'avait pas plus de contacts avec les jeunes de son âge qui vivaient près de chez elle. Cela dit, le programme enrichi était extrêmement stimulant. Les travaux se faisaient rarement en salle de classe : les cours d'instruction civique, par exemple, comprenaient deux semaines à visiter les palais de justice, après quoi la classe n'avait pas d'examen à passer mais devait plutôt écrire et publier un journal relatant tout ce qui s'était passé durant les procès et les procédures auxquels ils avaient assisté.

La vie familiale de Judith n'était pas typique non plus. Chez elle, la famille comptait pour beaucoup, et il semblait toujours y avoir une pleine maisonnée de parents en visite. Cela était particulièrement vrai vers la fin des années trente et au début des années quarante alors que tant de Juifs fuyaient l'Europe. Pour ces parents venus de pays occupés par les nazis qui avaient pu échapper à l'holocauste, la maison des Rothstein à Brooklyn devenait un port d'attache.

Parce qu'ils avaient besoin de place, Judith dut partager la chambre de sa grand-mère maternelle. Le temps et l'intimité qu'elle partagea avec cette femme d'une grande sagesse fut une expérience émotive extrêmement enrichissante pour elle. De tous ses parents, Anna Solomon, sa grand-mère, était celle dont Judy se sentait le plus proche. C'était une femme farouchement indépendante qui était devenue veuve dans la quarantaine et qui avait subvenu à ses propres besoins toute sa vie en devenant propriétaire et directrice d'une école maternelle aux méthodes progressistes.

En plus de la maison pleine de parents, Judith avait la chance de côtoyer plusieurs leaders spirituels et politiques qui rendaient visite aux Rothstein pour discuter avec son père de questions relatives à la communauté juive internationale. Le fait de dîner à la même table qu'Eleanor Roosevelt ou quelque autre personnalité publique permit à Judith d'acquérir une certaine grâce en société, qui allait devenir encore plus manifeste à l'âge adulte.

Judy partageait la plupart de ses pensées avec sa grand-mère, mais il en est une qu'elle n'avait jamais partagé avec qui que ce soit. Cela concernait un événement qui s'était produit quand elle avait treize ans…

À l'âge de treize ans, j'ai vécu une expérience spontanée qu'on pourrait qualifier de mystique ou de transcendante qui m'a tellement touchée que je l'ai incorporée dans l'essence même de ce que je suis. Sans comprendre ce que l'expérience signifiait, parce qu'elle dépassait de beaucoup ce que l'intellect pouvait saisir, je savais intuitivement que c'était la Vérité.

L'incident s'est produit quand j'ai dû subir une chirurgie dentaire sans qu'on m'ait rien dit au sujet de l'opération. Ne sachant pas qu'on allait me donner de l'oxyde nitreux, j'ai été surprise de me retrouver attachée à une chaise, avec un auxiliaire de chaque côté : un pour me donner le gaz et l'autre pour assister le chirurgien durant l'opération. Quand on a posé le masque sur mon visage, je me suis débattue contre la sensation de perdre connaissance, et soudain j'ai eu conscience de cette peur terrible de « me perdre moi-même ». La douleur émotive était très intense. Physiquement, je ressentais une force immense, comme si quelque chose tirait à l'intérieur de ma tête. C'était comme si j'avais été suspendue dans ma conscience le long d'une succession de points noirs. Sans comprendre pourquoi ni comment, je savais que je devais aller vers le haut, et quand les points noirs qui m'entouraient formèrent un triangle, je savais que ma conscience devait passer de force par le sommet de ce triangle. J'assimilais cela à la mort. La lutte intérieure était féroce, mais je ne pouvais pas gagner, et finalement, dans un ultime et douloureux élancement, je me suis sentie catapultée à travers la douleur jusque dans la paix totale.

Cela n'était pas une perception, seulement le sentiment d'une magnifique et pure lumière. Mais je n'étais pas un corps ; je voyais sans les yeux. J'avais conscience d'une réalité totale qui transcende de beaucoup les sens. Un sentiment de bien-être m'avait envahie et dans cette espace qu'on appelle « connaître », je ne faisais qu'un avec l'univers – avec toutes choses vivantes et avec Dieu. Dans cet état de connaissance, la paix, la joie et l'épanouissement étaient incroyables. Je me rappelle avoir senti clairement cette pensée : « Enfin je suis chez moi », puis j'ai pris conscience d'une voix qui se répercutait comme un écho tout autour de moi et qui disait : « Maintenant tu sais, maintenant tu sais, maintenant tu sais… » Je ne savais pas ce que je savais, mais il me semblait que je savais Tout.

Quand je me suis réveillée après l'opération, j'ai essayé de parler à ma mère de cette magnifique et incompréhensible prise de conscience de ce que la vie était vraiment. Elle m'écouta avec un sourire et dit qu'elle était heureuse que j'aie fait un si beau rêve. J'ai compris alors qu'il me serait impossible de traduire ou d'expliquer par le langage ce que je considérais comme une connaissance absolue.

Comme je ne pouvais pas parler de l'épisode et n'avais pas encore été inspirée à chercher dans la littérature quelque confirmation de ce que j'avais vécu, j'ai refoulé l'incident jusqu'à ce qu'il ne fasse presque plus partie de ma conscience. De fait, je l'ai si bien refoulé que même au collège je n'étais pas du tout intéressée par les cours qui auraient pu m'aider à mieux comprendre cette expérience. Et pourtant, quelque part au plus profond de ma conscience, je n'ai jamais perdu le sentiment qu'il y avait une vague et mystique vérité dans l'idée que notre réelle demeure est dans le champ de la connaissance totale et non dans le monde de la forme.

Quand Judy obtint son diplôme collégial, elle s'inscrivit à l'Université Columbia dans l'intention de passer sa maîtrise en littérature anglaise. Il fallut moins d'un an, cependant, pour qu'elle fasse ce que ses parents espéraient bien la voir faire : elle s'est mariée. Elle passa les trois années suivantes à travailler pour une maison d'édition où elle écrivait les textes promotionnels qui apparaissaient sur la couverture des livres. Ce n'était pas ce dont elle avait rêvé quand elle étudiait le journalisme, et c'est donc sans regret qu'elle quitta le monde de l'édition au septième mois de sa grossesse.

Son premier enfant, Jonathan, est né en 1955, et sa fille, Tamara, en 1959. C'est quelques années plus tard, quand Tamara a commencé à parler, que Judith s'est rappelée très clairement l'expérience qui s'était produite chez le chirurgien dentiste durant sa propre enfance.

Dès que Tamara s'est mise à parler ou presque, j'ai remarqué qu'elle semblait être en mesure de s'harmoniser avec le monde qui l'entourait d'une manière qui dépassait largement ses cinq sens. Les premiers indices de cette disposition furent les manifestations d'un rapport télépathique extrêmement étroit entre elle et moi. Très souvent, je pensais à quelque chose, et elle – dès l'âge où elle fut capable d'articuler – répondait à la pensée que je gardais dans mon esprit.

Un jour – Tamara avait trois ans à l'époque – je me demandais ce que j'allais faire pour le repas de Jonathan qui allait bientôt revenir de l'école, et je me suis dit qu'il aimerait sans doute manger du thon. Tammy, qui était tout près, réagit comme si j'avais dit cela à voix haute et répondit qu'elle n'aimait pas du tout le thon et qu'elle préférait que je n'en fasse pas. Quand je lui ai demandé, surprise, pourquoi elle avait dit ça, elle répondit : « Tu as dit que tu allais faire du thon, non ? » J'ai bien dû me rendre compte, à mon grand étonnement, qu'elle entendait d'une manière très différente.

Durant toute la petite enfance de Tammy, ces épisodes se produisirent de plus en plus fréquemment, de la communication télépathique aux rêves prémonitoires en passant par les manifestations de clairvoyance. Souvent, elle se réveillait avec des informations pour moi qui ne venaient pas d'un rêve, insistait-elle, mais d'un « vrai». Elle utilisait le mot «vrai» parce qu'elle disait pouvoir faire la différence entre ce qui semblait être un rêve et ce qui arrivait pour vrai. De fait, les événements dont elle parlait ne s'étaient pas encore passés, mais ils allaient arriver – comme nous l'apprenions peu de temps après.

Par exemple, juste avant son septième anniversaire, elle vint dans ma chambre un matin de bonne heure alors qu'il faisait encore noir dehors. Elle pleurait à chaudes larmes et me dit, entre deux sanglots, que sa fête serait complètement gâchée. Elle venait de faire l'un de ses « vrais » dans lequel deux de ses camarades de classe, qu'elle n'aimait pas beaucoup, avaient ruiné la fête en lançant de la nourriture et en se comportant si mal qu'on avait dû appeler leurs parents pour qu'ils viennent les chercher. Et le pire, c'est que les enfants avaient rapporté leurs présents en s'en allant.

Quand j'ai fait remarqué à Tammy que ces deux filles n'étaient pas invitées à la fête, et qu'elle n'avait donc pas à s'en faire avec ce rêve, elle reconnut que je disais juste, mais le rêve était quand même un «vrai», insista-t-elle. Toutefois, plus elle se rappelait son «vrai», plus elle se rendait compte que les détails n'avaient rien à voir avec la fête. Les décorations pour sa fête seraient mexicaines, alors que les décorations dans son «vrai» étaient tirées de la bande dessinée Peanuts. Elle se rendit compte également que la fête dans le «vrai» avait lieu dans un appartement décoré très différemment du nôtre. Sachant cela, elle put retourner au lit.

La fête anniversaire de Tammy fut un franc succès et on ne parla plus de son «vrai» avant deux semaines, alors qu'elle assista à la fête d'une amie où elle n'était jamais allée. Je l'avais laissée devant l'immeuble de son amie à New York en lui disant que je reviendrais la chercher à cinq heures. Or, à quatre heures, le téléphone sonna, et Tammy me dit d'un air très déterminé que je devais monter à l'appartement quand je viendrais la chercher. Je n'avais pas du tout envie de le faire, mais Tammy y tenait vraiment, pour une raison que j'ignorais.

En arrivant à l'appartement, Tammy m'a accueillie avec beaucoup d'excitation en me disant que tout ce qui était arrivé dans le « vrai » s'était produit exactement comme elle l'avait vu. Les décorations « Peanuts », les deux enfants turbulents qui avaient dû partir – même le fait que les enfants avaient rapporté leurs présents.

Il y eut plusieurs exemples de rêves prémonitoires semblables durant toute son enfance. Comme il y a des douzaines d'exemples de clairvoyance et de télépathie.

Comme ces incidents me devenaient de plus en plus familiers, je prenais conscience de la façon dont ma fille utilisait ses dons de manière naturelle et constructive, et combien elle était à son aise avec ce don de perception supérieur. En conséquence, je me suis moi-même sentie plus à mon aise avec ce don, sachant qu'il n'y avait rien à craindre. En fait, les traits de personnalité que Tammy exhibait en relation avec cette sensibilité accrue étaient tous très positifs. Et il me semblait que ses capacités paranormales n'étaient que des extensions de sa nature ouverte.

Cela était d'autant plus vrai que si l'on demandait à Tammy d'exécuter un quelconque exploit télépathique, elle refusait même d'essayer et déclinait poliment. Elle me dit qu'elle ne voulait pas utiliser ses dons à moins qu'il y ait une bonne raison, et elle croyait que se donner en spectacle n'était pas une bonne raison. Cependant, lorsqu'il était nécessaire d'envoyer un message télépathique à quelqu'un à cause d'une urgence, non seulement offrait-elle de le faire, mais elle y parvenait la plupart du temps.

Le plus bel exemple est survenu le jour où mon oncle de New York tomba malade soudainement, et il fallait en informer ma mère, qui était en voiture en route pour le théâtre. Tammy, qui avait alors douze ans, voyant combien il m'importait de rejoindre ma mère, m'a demandé si je voulais qu'elle envoie un message à sa grand-mère. J'ai dit oui, bien sûr, et elle a quitté la pièce pendant quelques minutes. En revenant, elle m'a dit comme si de rien n'était que grand-maman l'avait « reçu ».

Je lui ai demandé comment elle le savait, et elle m'a décrit la procédure : elle était allée dans sa chambre, s'était tenue devant le miroir et avait fixé son reflet intensément jusqu'à ce qu'elle « disparaisse ». Puis elle avait dit « Grand-maman, appelle à la maison » trois fois. En entendant quelque chose faire « clic » dans sa tête, elle avait su que sa grand-mère avait reçu le message.

Il s'avéra que ma mère l'avait bel et bien « reçu », bien qu'elle n'eût pas la moindre idée que quelque chose lui avait été envoyé. Mon père avait arrêté à son bureau pour y prendre son courrier et ma mère, presque à l'instant même où Tammy lui envoyait son message, avait eu le sentiment qu'elle devait appeler chez elle. Cela était contraire à toutes ses habitudes et mon père, qui ne voulait pas être en retard au théâtre, avait essayé de la convaincre de ne pas perdre de temps. Mais il y avait une force qui la poussait à faire cet appel, et c'est une chance qu'elle l'ait fait, car elle a dû conduire son frère d'urgence à l'hôpital.

De tels incidents finirent par me convaincre que Tammy avait la faculté d'étendre sa conscience au-delà des paramètres de son corps. Cela lui permettait d'avoir avec les gens une connexion beaucoup plus solide que je ne l'aurais cru possible.

En 1966, un ami proche, le docteur Irving Rubin, qui avait connu Tammy toute sa vie, m'a donné un livre en disant : « Voici. Je pense que vous le trouverez très intéressant. Il vous aidera peut-être à comprendre certaines des choses que vit Tammy. » Le livre qu'il me tendait était un ouvrage de Jess Stearn intitulé Le prophète endormi : L'histoire d'Edgar Cayce, le plus grand médium américain.

J'ai apporté le livre à la maison et l'ai donné à Bob, mon mari, qui était le beau-père de Tammy. Nous avons été frappés par l'énorme quantité de livres et d'articles que les capacités paranormales de cette homme avaient suscités. De fil en aiguille, nous avons fini par nous lancer dans un intense programme de lectures sur le sujet des phénomènes parapsychiques. Bob était particulièrement intéressé par tout ce qui a trait aux guérisons paranormales. Il devint vite évident, toutefois, qu'il nous fallait être très sélectifs dans nos choix de lecture pour trouver des informations qui étaient crédibles. J'ai donc décidé de retourner à l'école pour mieux explorer ce champ de connaissances.

Durant quelques années, j'ai étudié à la Nouvelle École d'Études sociales avec certains des plus grands chercheurs dans le domaine. Mon intérêt grandissant m'a poussé vers les programmes publics offerts par l'Institut américain d'Études parapsychologiques et par l'A.R.I. de Hugh Lynn Cayce.

Je me suis liée d'amitié avec de nombreux chercheurs et pionniers, tels les docteurs Stanley Krippner et Montague Ullman, du Laboratoire du rêve de l'Hôpital Maimonides de Brooklyn ; le docteur Ian Stevenson, un spécialiste de la réincarnation à l'Université de Virginie ; le docteur en psychologie Lawrence LeShan, dont les longues et studieuses recherches ont permis de découvrir une méthode unique pour enseigner la guérison psychique ; ainsi que la plupart des personnalités nationales qui étaient des leaders dans le domaine. En m'intéressant à leurs travaux, je me suis finalement rendu compte, en 1971, que mes énergies seraient le mieux employées à tenter de favoriser la recherche en parapsychologie. Car plus j'observais le développement de ma fille, et plus j'en savais sur le sujet des recherches paranormales, plus il devenait clair que je devais me dévouer entièrement à ce seul but : en apprendre le plus possible sur le potentiel global de l'être humain. À cette fin, Bob et moi avons créé une organisation à but non lucratif appelée la Fondation pour l'Investigation parasensorielle.

La direction de cette fondation devint vite un travail de dix-huit heures par jour pour Judy, car le personnel était composé uniquement de Bob et elle, et Bob avait déjà un emploi à plein temps en tant que conseiller en investissements financiers.

Parce qu'il y avait tant de projets de recherche qui avaient besoin de fonds, Judy passait tout son temps à parler aux demandeurs de subventions, à mesurer l'importance relative des différents projets en prenant conseil auprès de ses nombreux amis dans la profession, et d'une manière générale à mettre en contact des gens ayant des intérêts communs.

Les fonds que la fondation pouvaient offrir étaient extrêmement modestes, et les premières donations se firent par l'entremise du Laboratoire du rêve de l'Hôpital Maimonides, qui expérimentait sur les états de conscience seconds. Les gens qui y travaillaient étaient devenus de bons amis de Judy et Bob, et quand ils croyaient qu'un projet était digne d'être soutenu financièrement, Judy essayait de lever les fonds nécessaires. Ce n'étaient pas de grands projets, mais de modestes efforts afin d'aider à démarrer des recherches louables en offrant les fonds de départ. Ensuite, si le projet semblait prometteur, de plus grosses organisations étaient plus susceptibles de continuer le financement.

Durant ce temps, tout en perfectionnant ses connaissances dans le domaine de la guérison paranormale, Bob avait commencé à s'intéresser au processus appelé « écriture automatique ». Pour approfondir le sujet, il avait ressenti le besoin d'en faire lui-même l'essai. En conséquence, il s'était mis à écrire chaque soir en se plongeant dans un état méditatif, et les nombreuses pages de guidance intérieure qu'il avait transcrites ainsi s'avérèrent très utiles, non seulement dans son travail de guérison mais en tant qu'outil pour l'aider à prendre des décisions qui nécessitaient davantage que la simple raison.

La guérison paranormale et l'écriture automatique étant des sujets que la fondation était désireuse d'explorer, Bob et Judy pensaient qu'il était aussi de leur devoir d'aider à les porter à l'attention du public. Ainsi, la fondation parraina plusieurs conférences, qui étaient ouvertes au public, à partir de 1973.

En juin 1973, Judy et Bob organisèrent une conférence au Lincoln Center de New York, à laquelle assistèrent plus de onze cents personnes. La Conférence, intitulée « Guérison psychique : du mythe à la science », était centrée sur les travaux des chercheurs Larry LeShan et Stanley Krippner, des guérisseurs Olga Worrall et Edgar Jackson, et de sœur Justa Smith dont les recherches novatrices portaient sur les effets de la guérison psychique sur la stabilité des enzymes.

À la demande de Stanley Krippner, la fondation organisa également les deux premières « Conférences de l'hémisphère occidental sur l'Acupuncture, la Photographie kirlienne et l'Aura humaine ». Ce furent les premières conférences à porter sur ces sujets, et leur importance justifiait qu'on en publiât les débats.

Pendant ce temps, Judy continuait de superviser les nombreux projets de recherche que la fondation aidait à financer, y compris le travail capital sur la vision à distance accompli par le l'Institut de Recherche de Standford, en Californie, avec le médium israélien Uri Geller. Ce projet, dont les résultats furent publiés dans le prestigieux journal britannique « Nature », ainsi qu'une mini-conférence sur les phénomènes parapsychiques à laquelle assistèrent seize des plus grands scientifiques au monde, firent beaucoup pour sensibiliser l'opinion mondiale à l'importance d'explorer le fonctionnement psychique. De fait, la conférence elle-même mena à la publication d'un livre : *Le dossier Geller*, de Charles Panati.

Judy assumait sans cesse de plus en plus de responsabilités : elle rejoignit l'ex-astronaute Edgar Mitchell sur le comité de direction de l'Institut des Sciences noétiques ; elle devint professeur titulaire à l'École d'Éducation continue de l'Université de New York, où elle enseignait la parapsychologie expérimentale et les nouvelles dimensions en guérison ; elle accepta nombre d'invitations à la radio et à la télévision afin d'expliquer le travail qu'elle accomplissait ; et, comme si ça ne suffisait pas, elle commença une thèse de doctorat à l'Institut de Psychologie humaniste de Californie.

Sa vie extérieure ressemblait au tourbillon d'une troupe de derviches tourneurs. Le magazine *New Realities*, dans une notice biographique qui accompagnait un article sur Judy, la décrivit ainsi :

> *Pour avoir une idée de la vie que menait Judith Skutch dans les années 1970, il fallait passer une journée à son laboratoire de conscience dans le grand appartement des Skutch, à New York. Dans une pièce, un film était projeté devant un groupe intéressé au biofeedback. Dans une autre, des chercheurs en méditation profonde s'entraînaient. Dans une autre encore avait lieu un meeting de recherche médicale.*
>
> *Judith Skutch elle-même semblait être partout à la fois tout en jonglant également avec trois appareils de téléphone qui lui permettaient de mettre en contact les uns avec les autres des personnes œuvrant dans divers domaines reliés à l'éveil de la conscience. À tout moment, il était possible de croiser un Edgar Mitchell, un Swami Muktananda ou un Uri Geller, sans parler de la collection habituelle de médiums, de mystiques et de scientifiques – et leurs amis. Pour qui en était à sa première visite, il semblait vraiment miraculeux qu'une si petite femme pût faire tout cela à la fois, en plus de servir fréquemment ses repas maison aux personnes réunies.*

À cette époque, soit vers 1975, le miracle, c'était aussi que Judy fût parvenue à masquer le sentiment grandissant de vide et d'insatisfaction qu'elle ressentait. En surface, sa vie était tout ce qu'elle aurait pu souhaiter : son travail représentait un défi passionnant, toute sa famille partageait les mêmes intérêts, et ses services et conseils étaient recherchés par des gens des quatre coins du pays. Mais il manquait quelque chose d'essentiel, et cela lui causait une immense souffrance émotive.

Je commençais également à ressentir une douleur physique, puisque j'ai développé un ulcère peptique. Je savais très bien l'effet que les émotions peuvent avoir sur le corps, mais cette connaissance ne changeait rien aux symptômes. En réalité, de savoir que je me faisais moi-même tant de mal me frustrait encore davantage. Je cherchais sans cesse les réponses qui auraient pu m'aider à sortir de la prison que je m'étais bâtie, mais en vain. Tout ce que je savais, c'est que parmi toute la diversité du travail que je faisais, il n'y avait pas un seul projet qui ne me laissait avec l'impression que les réponses étaient incomplètes – qu'il manquait quelque chose. Je respectais l'approche scientifique, je la soutenais et la considérais absolument essentielle, mais nous ne touchions pas du tout à l'aspect spirituel, même si nous étions conscients que tous nos projets – et surtout les projets de guérison auxquels nous participions – donnaient lieu à des affirmations spirituelles.

À cette époque, j'ai commencé à faire des rêves qui étaient une continuation de mes premières expériences mystiques. Cette fois, ils semblaient être porteurs d'un message qui me laissait avec un sentiment d'amour global et universel qui frôlait l'extase. Mais ce sentiment était passager et je n'arrivais pas à le faire durer.

Le contraste entre les sentiments que j'éprouvais en rêve et ceux que j'avais durant ma vie active et éveillée était, pour dire le moins, atroce. Et je savais, bien que ni mon conjoint ni mes enfants ne se fussent plaints, que mon état d'esprit nuisait à notre vie de famille.

Déprimée à ce point, il n'est pas surprenant que j'aie voulu me dérober à un engagement que j'avais pris des mois auparavant. J'avais accepté de participer à une conférence sur la photographie kirlienne qui se tiendrait à l'Académie de médecine de New York, et maintenant la date approchait. J'ai voulu annuler par tous les moyens, mais je savais que ce serait impossible. Aussi me suis-je rendue à contrecoeur à l'autre bout de la ville où avait lieu la conférence et j'ai donné une allocution de vingt-cinq minutes sur la guérison et sur l'importance d'introduire des techniques de guérison non conventionnelles dans le traitement médical classique.

Après la conférence, je suis aussitôt retournée chez moi et j'ai été me coucher. Je sentais que j'avais atteint le point le plus bas de toute ma vie. J'avais tout… un mari aimant, deux enfants merveilleux et pleins de talent, un travail inspirant qui me permettait de côtoyer les personnes les plus fascinantes… et pourtant je ressentais un vide immense en moi comme si j'allais me désintégrer. Alors, dans ce bas-fond émotif, seule dans mon lit, je me suis mise à pleurer, et sans même savoir comment ni d'où les mots m'étaient venus, j'ai laissé échapper un cri désespéré : « Y a-t-il quelqu'un là-haut qui peut m'aider ? » Les mots m'ont surprise, car je n'avais jamais eu de telles paroles ni de telles pensées.

Deux jours plus tard, vers neuf heures du matin, je reçus un coup de téléphone. Une amie de Détroit qui était à New York me demandait d'aller la rencontrer, de préférence pour le lunch dans un restaurant du centre-ville. Quand je suis arrivée à l'heure dite, elle m'attendait, accompagnée d'un homme d'environ quarante-cinq ans. Elle me le présenta comme son professeur de métaphysique en ajoutant que c'était un excellent numérologiste. Ne connaissant rien à la numérologie, puisque ce domaine ne m'avait jamais intéressée, je n'écoutais qu'à moitié les histoires qu'elle me racontait sur les dons de prédiction extraordinaires de ce professeur qui l'avait aussi beaucoup aidée à prendre la vie avec philosophie. Après le repas, nous nous préparions à partir quand mon amie me tendit la carte d'affaires de cet homme en insistant pour que je le laisse dresser mon bilan numérologique. L'homme me regarda droit dans les yeux et dit : « Je veux vraiment le faire pour vous. Ce sera mon cadeau. »

La conversation m'avait intriguée, car je croyais sincèrement qu'il n'y a pas de rencontres accidentelles dans la vie, et je sentais que je devais me plier aux souhaits de mon amie. Pour rationaliser, je me disais que les numérologistes, comme les cartomanciens et autres praticiens des arts divinatoires, peuvent être des êtres très sensibles qui utilisent simplement les outils du métier pour concentrer leurs talents. Je me disais que ce métaphysicien m'était peut-être « envoyé » pour m'apprendre quelque chose sur moi-même qui m'aiderait à soulager mon stress. Dans mon angoisse, j'aurais essayé n'importe quoi.

Aussi le lendemain matin ai-je pris rendez-vous avec lui pour l'après-midi. Le bilan numérologique qu'il avait dressé, en se basant sur mon nom et la date de naissance que je lui avais donnée la veille, décrivait avec précision certains des événements qui s'étaient produits jusque-là dans ma vie. Il dit ensuite que je rencontrerais bientôt une femme beaucoup plus âgée qui deviendrait mon enseignante pour le reste de ma vie, et qu'en moins d'un an je publierais l'un des documents spirituels les plus importants que le monde ait connus. Quand je lui ai répondu que je n'avais pas du tout l'intention d'écrire quoi que ce soit, il répondit : « Je n'ai pas dit que vous l'écririez ; j'ai dit que vous le publieriez. » J'ai répliqué que c'était ridicule puisque je n'étais pas dans l'édition. Il me sourit chaleureusement en disant : « Vous verrez bien. »

Le lendemain matin, je fus réveillée par un coup de téléphone de mon ami Douglas Dean, qui avait présidé la conférence où j'avais parlé quelques jours auparavant. Douglas avait deux raisons de m'appeler : un, il voulait savoir si je me sentais mieux ; deux, il avait rencontré un professeur de psy-

chologie attaché à la faculté de médecine de l'Université Columbia lors de la conférence, et ce dernier l'avait invité pour le lunch le mardi suivant pour discuter de quelques sujets d'intérêt commun. « Voudrais-tu m'accompagner, Judy ? »

Je ne me sentais pas très bien, mais Douglas insistait pour que je l'accompagne, et je lui ai dit que j'irais. Même si le professeur de Columbia n'avait pas précisé de quels sujets il voulait discuter, il y avait longtemps que je désirais parler de guérison holistique avec un représentant de la communauté médicale orthodoxe. Cela semblait être l'occasion idéale de présenter nos idées à un professionnel affilié à l'une des plus prestigieuses institutions médicales au pays. J'ai dit à Douglas que j'avais déjà un rendez-vous pour ce mardi midi, mais que si le professeur voulait bien nous voir le mercredi, je serais ravie de me joindre à eux. Après avoir raccroché, j'ai commencé à réfléchir aux documents à apporter à cette rencontre qui pourraient intriguer le professeur au point de lui faire accepter de nous aider à forger un lien entre les professionnels de la santé et les individus dotés de pouvoirs guérisseurs.

Le 29 mai 1975, Douglas et moi nous sommes rendus en voiture jusqu'au Centre médical qui est situé à Manhattan, sur Upper Broadway, où nous allions rencontrer le professeur en question : le docteur William Thetford. J'appréhendais quelque peu cette rencontre, car je ne savais pas du tout à quoi m'attendre de lui. Douglas ne lui avait parlé que durant quelques minutes à la conférence, et je n'avais pas eu le temps de mon côté de récolter quelque information que ce soit quant à ses vues ou à ses intérêts particuliers. Douglas m'assura que nous ne tarderions pas à le savoir, car le docteur Thetford lui avait dit qu'il nous attendrait à son bureau et que nous irions manger immédiatement.

En nous dirigeant de la voiture vers l'hôpital à travers la circulation piétonnière, nous approchâmes de l'entrée du Centre médical, qui était bondée de monde, et j'ai dit à Douglas : « Ah, le voici ! Il nous attend dehors sur les mar-

ches », en montrant du doigt un homme grand et mince. Douglas était étonné. « Oui, c'est bien le docteur Thetford, dit-il. Mais, Judy, comment le sais-tu ? Tu ne l'as jamais vu ! »

Je n'avais pas de réponse rationnelle à lui donner, car je n'avais même pas pensé à cette idée avant de la formuler à haute voix. Toutefois, après avoir parlé, la pensée que je connaissais déjà cette personne m'a envahie et ne m'a plus quittée.

Après les présentations d'usage, le docteur Thetford nous apprit qu'il était descendu nous accueillir pour éviter que nous nous perdions dans le labyrinthe de corridors et d'ailes qu'était le Centre médical. Il nous conduisit ensuite vers la cafétéria du personnel enseignant. Dans le hall, il nous présenta une de ses collègues, le docteur Helen Schucman, une petite femme mince, dans la soixantaine, qui ne devait pas peser plus de quarante kilos, et qui travaillait avec le docteur Thetford. Nous entrâmes tous les quatre dans la cafétéria, et après que les professeurs nous eurent enjoints de les appeler par leurs prénoms, Bill nous conduisit vers une table relativement tranquille.

Après avoir échangé quelques banalités, j'ai mentionné le sujet dont j'aurais aimé discuter avec eux, mais aucun des deux ne semblait être le moindrement intéressé à parler de la guérison holistique. Bill et Helen continuaient de parler de recherche en général, et plus ils parlaient plus je me demandais ce que je faisais là. Plus la conversation avançait, cependant, plus je sentais qu'Helen avait quelque chose en tête qu'elle n'osait pas nous révéler, même si je n'avais aucune idée de ce que cela pouvait bien être. Tout ce que je savais, c'est que ça n'avait rien à voir avec les plans de recherche dont elle parlait. Et puis tout d'un coup, pendant le dessert, je me suis entendu dire quelque chose que j'avais peine à croire. Je me suis tournée vers Helen, et de ma bouche est sorti ceci : « Vous entendez une voix intérieure, n'est-ce pas ? »

Avant d'avoir pu m'excuser de ces mots qui étaient totalement involontaires, j'ai remarqué qu'Helen avait pâli, et son visage était tendu lorsqu'elle répondit, très faiblement: « Qu'avez-vous dit ? »

Bill repoussa sa chaise et nous interrompit en disant : « Pourquoi n'irions-nous pas à mon bureau ? Nous y serons sûrement plus à l'aise. »

Je ne savais pas si je devais répéter ce que j'avais dit à Helen, mais j'ai eu le sentiment immédiatement que je ne devais pas m'en faire à ce sujet. En sortant de la cafétéria, j'ai senti également que Bill et Helen désiraient marcher seuls devant, et que Douglas et moi devions les suivre. Ils parlèrent ensemble avec animation jusqu'à ce que nous arrivions au bureau de Bill, où il nous présenta leur associé, le docteur Kenneth Wapnick. Bill referma et verrouilla la porte derrière lui, puis il demanda calmement : « Ce que nous allons dire dans cette pièce est confidentiel, d'accord ? »

Douglas et moi l'avons rassuré à ce sujet, mais je me demandais quel pouvait bien être leur secret !

Bill et Helen ont passé les deux heures suivantes à nous raconter l'histoire des dix dernières années. Les événements qu'ils nous décrivaient ne me semblaient pas étranges, et je ne considérais pas ces deux personnes comme des étrangers. D'une façon que je ne m'expliquais pas, il me semblait que je retrouvais de vieux amis, et ce qu'ils me racontaient me semblait tout à fait normal, comme s'il s'agissait d'une série d'événements à laquelle j'avais déjà été associée.

La scène était magnifiquement orchestrée. J'étais là dans une prestigieuse institution médicale avec deux personnes qui étaient clairement de dignes représentants de leur profession scientifique. Mais au lieu de discuter de guérison holistique, je retenais mon souffle dans l'attente de voir un document métaphysique qu'ils avaient transcrit en secret. J'ai demandé si je pouvais le feuilleter…

Bill déverrouilla un tiroir et en sortit sept gros classeurs noirs, du genre que les étudiants utilisent pour ranger leurs thèses de doctorat, et les déposa sur le bureau. « Voilà, dit-il. Quinze cents pages. Un cours en miracles. »

J'étais électrifiée. J'ai ouvert le classeur qui contenait le Texte, et mes yeux sont tombés sur l'introduction :

Ceci est un cours en miracles. C'est un cours obligatoire. Seul le moment où tu le suis relève de ta volonté.

En finissant de lire ce premier passage, j'ai senti monter en moi un grand soupir de soulagement, alors que la voix intérieure proclamait : « Voici la carte qui te ramènera chez toi. » Et j'ai su avec une absolue certitude que c'était la réponse à mon appel à l'aide.

Puisque Bill et Helen devaient assister à une réunion du personnel, ils mirent un terme à leur rencontre avec Judy et Douglas plus tôt qu'ils l'auraient voulu. Mais avant de partir, Judy demanda ce que Bill voulait dire quand il leur avait demandé de garder le secret.

« Cela veut-il dire que vous ne voulez pas que je montre le Cours à aucun de mes amis ? » demanda-t-elle.

« Non, dit Bill. Nous sommes certains que le Cours ne doit pas rester caché. Mais nous ne voulons pas que nos noms lui soient associés en aucune façon. »

« Tu vois, dit Helen, ce serait difficile d'essayer d'expliquer à nos collègues ce qui s'est passé. Bill et moi… »

Judy l'interrompit : « Bien sûr. Je comprends. »

« Mais surtout, dit Bill, le livre se tient tout seul. Il n'a pas besoin d'être associé à des personnalités. Il y a déjà assez de cultes de la personnalité et ce Cours n'a pas besoin d'être à l'origine d'une nouvelle secte. Helen et moi ne pensons pas être en mesure de le représenter, puisque nous ne le démontrons pas adéquatement. Comme tu le verras,

Judy, c'est un cours autodidactique, or Helen et moi ne sommes pas autre chose que des élèves. »

En rentrant à son appartement, Judy n'avait pas encore franchi la porte qu'elle appelait Bob. « Attends de voir ce que j'ai là », dit-elle. Elle entreprit de lui raconter l'histoire complète du Cours, comme elle l'avait entendue plus tôt dans l'après-midi. Bob l'écouta avec intérêt ; selon lui, il fallait juger le Cours à son contenu, et non à sa forme. Il s'adonnait lui-même à l'écriture automatique depuis trois ans, et il n'y avait rien d'étrange d'après lui à ce que quelqu'un serve de canal pour recueillir une information. Quant au contenu, il n'avait pas très envie de plonger dans un manuscrit de quinze cents pages.

Judy commença à lire le Texte immédiatement après le repas, et plus elle avançait dans sa lecture, plus elle sentait gonfler en elle un sentiment de gratitude, car elle savait que sa vie était sur le point de changer d'une manière qui dépassait ses espoirs les plus fous. La terminologie chrétienne du Cours ne lui posait pas un trop grand problème, puisque Bill avait expliqué plus tôt dans la journée qu'il croyait que le Cours l'utilisait parce que le christianisme était la religion dominante en Occident, et qu'il serait plus facile pour la plupart des gens de s'identifier à un tel langage. Il avait aussi précisé que certains des termes chrétiens traditionnels étaient réinterprétés dans le Cours. « Par exemple, dit-il, le mot expiation porte un message différent que dans la tradition chrétienne. Dans le Cours, il signifie la correction de la fausse perception que nous sommes séparés les uns des autres et séparés de Dieu. Aussi, le Saint-Esprit est défini comme étant la Voix pour Dieu en chacun de nous. C'est notre guide et le lien avec notre créateur. »

Il était cinq heures du matin quand Judy déposa le gros classeur noir et s'endormit. Elle avait lu pendant près de huit heures d'affilée. Elle savait que ce n'est pas ainsi qu'on est censé étudier le Cours, mais elle sentait le besoin d'avoir immédiatement un bon aperçu des trois volumes.

Sans pouvoir s'expliquer à elle-même comment elle le savait, elle était certaine que le Cours serait le fondement sur lequel elle tenterait de bâtir le reste de sa vie.

Avant de s'endormir, son esprit ne cessait de répéter des passages du Cours. La vérité et la sagesse de ce qu'elle avait lu la saisissait encore. Elle s'attardait particulièrement à une phrase qu'elle avait lue et mémorisée dans le chapitre intitulé « Guérison et entièreté » : « L'esprit non coupable ne peut pas souffrir. Étant sain, l'esprit guérit le corps parce qu'*il* a été guéri. » En lisant cela, elle avait cru comprendre que l'ulcère dont elle souffrait deviendrait bientôt chose du passé. Et maintenant, juste avant de succomber au sommeil, elle en eut l'absolue certitude.

Le matin suivant, Judy téléphona à Helen pour lui dire combien le Cours était magnifiquement beau et d'une importance capitale, et elle demanda si elle et Bill voulaient bien venir la voir après leur travail, puisqu'elle avait plusieurs questions à leur poser. Helen répondit qu'elle serait heureuse d'arrêter chez elle en passant, et que Bill viendrait sûrement s'il était libre.

Ainsi commença une série de rencontres presque quotidiennes entre Judy, Bill, Helen et Ken, lequel était devenu à cette époque aussi essentiel à la survie du Cours que Bill et Helen. Ces nombreuses rencontres au cours des trois prochaines années allaient faire naître et se développer entre eux un lien profond.

Dix jours après avoir reçu le Cours de Bill et Helen, Judy devait partir pour la Californie pour y assister à quelques réunions en rapport avec son travail et pour y rencontrer sa directrice de thèse, le docteur Eleanor Criswell. Elle demanda à Helen et Bill la permission d'apporter le manuscrit avec elle pour le montrer à quelques amis qui seraient sûrement intéressés à le voir.

« La Californie est à cinq mille kilomètres d'ici, dit Bill. Personne ne nous connaît là-bas. »

Les sept classeurs noirs contenant les quinze cents pages du Cours pesaient environ dix kilos. Judy ne les avait pas sortis de son appartement depuis qu'elle les avait reçus, mais elle avait une bonne idée du mal qu'elle aurait à les trimballer. Quand elle fut prête à partir pour l'aéroport, l'idée lui vint de les transporter dans un grand sac à provisions, mais avant même d'avoir soulevé le sac, elle savait qu'il faudrait faire quelque chose à l'avenir pour les rendre plus faciles à porter.

Sur l'avion, elle eut six heures de tranquillité pour penser au Cours et à tous ceux de ses amis qui en voudraient une copie. Elle ne savait pas comment elle pourrait tous les accommoder, mais elle se souvenait du tout premier principe des miracles, dans le Texte : « Il n'y a pas d'ordre de difficulté dans les miracles », et elle en conclut que si ses amis étaient censés avoir une copie, alors ils en obtiendraient une d'une façon ou d'une autre.

L'une des premières personnes à qui elle montra le Cours fut James Bolen, l'éditeur de la très sérieuse revue de parapsychologie appelée *Psychic Magazine*, qui était probablement la publication la plus respectée dans le domaine. Le magazine avait des champs d'intérêts très variés, et parmi les articles qu'ils avaient publiés figuraient des interviews avec des personnalités connues comme le docteur J.B. Rhine et Richard Bach, l'auteur de *Jonathan Livingston le goéland*.

Naturellement, James Bolen était fasciné par la manière dont le texte avait été reçu par son « scribe », mais quand Judy lui parla du contenu du Cours et lui montra quelques sections en particulier, il reconnut qu'elle était en possession du manuscrit le plus singulier qu'il ait jamais vu – un manuscrit qu'il lui tardait d'entamer personnellement.

Le problème se posait alors de savoir comment il pourrait travailler sur le Cours si Judy avait la seule copie disponible ; or Jim offrit d'en faire une autre photocopie.

Grâce à ses relations dans le monde de l'édition, il pouvait la réaliser en moins de vingt-quatre heures, et pour seulement « quarante-huit dollars ».

De toute évidence, cela n'était pas une solution très pratique. Non seulement le livre était très encombrant sous cette forme, mais Judy ne voulait prêter sa copie à personne. Or elle était absolument certaine que ses amis professionnels qui enseignaient et étudiaient la métaphysique voudraient examiner le livre de près. C'est alors qu'une réelle solution commença à se faire jour.

Peu après son arrivée à San Francisco, Judy montra le Cours à Eleanor Criswell, sa directrice de thèse à l'Institut de Psychologie humaniste. Eleanor ne mit pas de temps à reconnaître l'importance du manuscrit. « Beaucoup, beaucoup de gens vont en vouloir une copie, Judy, et il va falloir que tu rendes la chose plus facile tôt ou tard ; aussi bien le faire maintenant. »

« Bien sûr, Eleanor, mais comment ? Ça coûterait très cher d'en faire un livre. »

« Tout dépend comment tu t'y prends, répondit Eleanor. J'ai une petite maison d'édition appelée *Freeperson Press*, et je connais les procédés de reproduction et de reliure des documents. On peut reproduire tes pages dactylographiées en réduction et les relier ensuite sous une couverture papier. Pour le moment, ce serait l'idéal. »

« Et le livre tiendrait en un seul volume ? » demanda Judy, incrédule.

« Non, il faudrait probablement trois ou quatre volumes. Et la typographie serait très petite, mais lisible. »

« Et tout cela coûterait combien ? »

Eleanor n'était pas certaine, mais des tirages limités de cent exemplaires des trois ou quatre volumes coûteraient selon elle entre trente et quarante dollars par série.

« Il faudrait donc les vendre cinquante dollars, parce que je devrai en donner quelques-uns à des personnes qui n'ont pas les moyens de payer autant. »

Eleanor répliqua que c'était mieux que d'avoir à payer cinquante dollars pour dix kilos de pages photocopiées intransportables.

Quand Judy téléphona à Helen et Bill pour savoir ce qu'ils en pensaient, la réponse de Bill était prévisible : « Faisons ce que le Cours nous dit de faire… Demandons. »

Ce soir-là, tous les trois demandèrent intérieurement, et chacun reçut la même réponse affirmative. Il leur fut aussi conseillé d'obtenir un copyright pour se conformer aux usages de l'édition.

Ainsi s'ébranlèrent les rouages de la « première édition » d'*Un cours en miracles*.

Avant de raccrocher, Judy leur annonça que le Cours avait déchaîné l'enthousiasme dans la région de San Francisco et qu'on lui posait déjà beaucoup de questions auxquelles elle était incapable de répondre. Aussi pensait-elle qu'il serait très utile qu'Helen, Bill et Ken viennent y passer quelques semaines. Bill et Helen décidèrent qu'ils pouvaient très bien se permettre quelques discussions informelles sur le Cours à cinq mille kilomètres de distance de l'hôpital ; et puisqu'ils avaient des vacances à prendre, leur horaire le permettait.

Judy avertit quelques amis que Bill et Helen allaient séjourner dans la région et qu'ils voulaient bien parler du Cours devant quelques personnes. En moins d'une semaine, ils étaient déjà très nombreux à vouloir assister à une telle rencontre ; et quand une date fut enfin fixée, au-delà de cent personnes avaient déjà manifesté leur intention d'y être. Pour toutes les accueillir, Judy loua une salle à l'hôtel même où Helen allait séjourner.

Dès le tout début de la première rencontre, il apparut que les personnes qui avaient eu vent de l'existence du

Cours étaient extrêmement sérieuses dans leur désir de l'étudier et d'en discuter. La séance de questions et réponses s'étira jusqu'après minuit mais Helen ne montra aucun signe de fatigue ni de gêne. Quand elle quitta enfin, elle dit à Judy : « L'intérêt de ces gens me touche beaucoup plus que j'aurais pu l'imaginer. »

À la fin de leur séjour de quatre semaines, ils avaient rencontré plus de cinq cents personnes. Pour Judy, il était clair que la satisfaction que Bill et Helen avaient ressentie au contact de tous ces gens que le Cours avait affecté les compensait largement pour l'anxiété qu'ils éprouvaient encore à l'idée de perdre leur anonymat.

8

Sept semaines plus tard, Judy recevait un premier tirage de cent séries d'*Un cours en miracles*. L'ouvrage était divisé en quatre volumes : le Texte à lui seul en demandait deux, tandis que le Livre d'exercices pour étudiants et le Manuel pour enseignants étaient reliés séparément. Les livres étaient de la dimension d'un livre normal – environ douze par vingt centimètres – mais la typographie était trente pour cent plus petite que l'original, ce qui rendait la lecture assez difficile. Néanmoins, sous cette forme, le Cours était plus facile à transporter. En moins d'une semaine, quatre-vingt exemplaires des quatre volumes avaient été distribués dans la région de San Francisco, et les vingt autres séries revenaient à New York avec Judy.

Celles-ci furent distribuées en quatre jours, et Judy lança un S.O.S. à Eleanor pour en faire imprimer cent de plus. Avant même qu'ils soient distribués, Judy avait déjà reçu presque cent demandes pour les livres.

C'est à cette époque que Judy dit à Helen, Bill et Ken qu'elle avait de la difficulté à comprendre certains des termes employés dans le Cours, et qu'elle aurait aimé qu'il y ait un glossaire.

Bill répondit qu'ils en avaient souvent discuté, mais sans jamais pouvoir se décider.

« Ne pourriez-vous pas demander à la Voix qu'elle vous aide à clarifier certains des termes ? » demanda Judy.

Helen répondit qu'elle pourrait certes demander, mais que cela ne signifiait pas qu'elle aurait une réponse. « Et si la réponse ressemble au reste – par la longueur, je veux dire –, je ne suis pas sûre que je veuille l'entendre. »

Ce soir-là, chez elle, Helen demanda de l'aide. La Voix revint et ce qu'Helen entendit était le commencement de la « Clarification des termes », qui à la fin compterait onze termes différents que le Cours utilise fréquemment. Il fallut moins de neuf semaines pour transcrire cette courte section, qui accompagnerait désormais le Manuel pour enseignants.

Ces neuf semaines furent très agitées pour Helen. À cause de plusieurs rencontres spéciales auxquelles elle dut assister, et du travail concomitant qu'elles lui apportaient, son environnement professionnel était particulièrement stressant.

Un jour, tard dans l'après-midi, elle était dans son bureau avec Bill et Ken et elle venait de commencer à leur lire d'une voix lasse et fatiguée les nouveaux passages qu'elle avait transcrits, quand elle s'arrêta soudainement. Puis elle se mit à maugréer contre le Cours qui faisait constamment intrusion dans sa vie et lui faisait perdre tant de temps.

« Tu ne crois pas vraiment que c'est une perte de temps, n'est-ce pas ? » demanda Ken.

« Bien sûr que je le crois. »

« Mais c'est un texte tellement beau... et tellement important. »

« Important pour qui ? » grommela-t-elle.

« Pour quiconque choisit de le lire. »

« Eh bien, moi, je choisis de ne plus l'écrire, répondit-elle. Et je choisis de ne plus le lire non plus. »

Ken essaya une autre tactique. « Dans ce cas, rien ne sert d'apporter partout ton carnet de sténo. Pourquoi est-ce qu'on ne le jetterait pas aux poubelles ? » dit-il en s'étirant pour le prendre. Il lui ôta le carnet des mains et, avec le savoir-faire d'un professionnel du basket-ball, il le lança directement dans la corbeille à papier. « Voilà qui va simplifier grandement ta vie », dit-il en se levant. Et sans attendre une réponse, il sortit du bureau avec Bill sur ses talons.

Le lendemain matin, à six heures quinze, le téléphone sonna dans l'appartement de Ken au moment où il commençait une session de thérapie avec l'un de ses patients. Il décrocha : c'était Helen, paniquée.

« Ken, je n'arrive pas à trouver mon carnet, j'ai cherché partout ! »

« Il faut bien qu'il soit quelque part, dit Ken. Regarde parmi les papiers que tu as ramenés à la maison hier soir. »

« J'ai regardé trois fois déjà, dit-elle nerveusement, où peut-il bien être ? »

« Helen, je suis avec un client, dit Ken, pourquoi… »

« Oh, mon Dieu ! firent-ils tous les deux, presque à l'unisson. La corbeille à papier ! »

« Je l'ai laissé dans la corbeille, dit Helen. J'étais au téléphone, et puis j'ai oublié… Qu'allons-nous faire ? »

« Appelle Bill, dit Ken. Il pourra peut-être rejoindre le concierge. »

Helen raccrocha immédiatement, appela Bill à son appartement et lui dit ce qui était arrivé.

Bill se fit rassurant. « T'en fais pas, Helen. Je vais appeler le concierge et lui dire de ne pas vider les poubelles avant que j'arrive. »

« Comment ai-je pu faire une chose pareille ? » demanda Helen au moment où Bill raccrochait.

Il téléphona immédiatement à l'hôpital et tenta de rejoindre le concierge, en vain. Mais il apprit que les déchets étaient ramassés chaque soir vers minuit, puis étaient portés à l'incinérateur de l'hôpital pour y être brûlés le lendemain matin à six heures.

Bill raccrocha, s'habilla en vitesse et sortit dans la rue héler un taxi. Le trajet vers l'hôpital lui sembla interminable, mais il était rendu en moins de vingt minutes.

Bien qu'il ne pût retracer le concierge de l'immeuble, il trouva un assistant qui lui confirma qu'en temps normal, l'homme qui s'occupait de brûler les déchets le faisait à six heures du matin, sauf qu'il ne l'avait pas encore vu ce matin-là. Bill lui expliqua l'urgence de la situation, et l'assistant le conduisit à l'endroit où les ordures étaient entreposées avant d'être brûlées. Ils ouvrirent la porte et Bill eut un soupir de soulagement en voyant les sacs-poubelles, encore remplis, qui jonchaient la pièce.

Il devait y en avoir une quarantaine, et puisqu'ils étaient tous pareils, il était impossible de deviner où commencer. Bill ne se réjouissait pas à l'idée d'avoir à fouiller dans des sacs-poubelles qui pouvaient contenir des restes de laboratoires de recherche animale, mais il devait le faire. Il demanda de l'aide en silence et souleva deux sacs. L'assistant en ouvrit un et en déversa le contenu. Bill fouilla dans les déchets mais le carnet n'y était pas. Il aida l'assistant à remplir le sac, puis il ouvrit le deuxième. Comme l'assistant allait le vider par terre, Bill vit le carnet presque immédiatement et dit un merci silencieux pour le miracle.

Au moment où ils allaient partir, l'homme qui était chargé de brûler les déchets arriva. « Désolé d'être en retard, dit-il. Je ne me sentais pas bien ce matin. »

Cet épisode produisit une vive impression sur Helen, qui comprit alors la force du lien qui l'unissait au Cours. Car elle ne pouvait pas nier le sentiment de perte qu'elle avait ressenti quand elle avait cru que son carnet avait été détruit.

Peu après que la troisième impression de cent séries eut été commandée, Judy reçut l'appel d'un ami qui était propriétaire d'une petite maison d'édition et qui voulait discuter de la possibilité de publier *Un cours en miracles* commercialement. Judy savait qu'aucune décision sur sa publication – et sur toute autre question, à vrai dire – ne pouvait se prendre sans que Bill, Helen et Ken y participent. Ce que cela signifiait, bien sûr, c'est qu'avant de se prononcer sur une proposition quelconque, il fallait que chacun des quatre demande de l'aide à son propre guide intérieur, ou au « Saint-Esprit » comme le Cours le dit.

À leur prochaine réunion, les quatre demandèrent en silence. Chacun entendit que l'ami de Judy ne devait pas publier le Cours.

Cela se répéta une demi-douzaine de fois au cours des trois mois suivants, car plus les gens entendaient parler du Cours, et plus ils étaient nombreux à vouloir le lire, plus les éditeurs exprimaient leur intérêt. Judy savait que le livre devait être publié plus convenablement, mais elle n'avait aucune idée de la manière dont la chose se passerait.

Le nombre de personnes qui appelaient à la fondation pour parler du Cours à Judy augmentait sans cesse. Pour beaucoup c'étaient des gens qu'elle connaissait déjà, mais il y en avait au moins autant qui étaient de purs étrangers qui avaient entendu parler du Cours par « un ami ». Des gens qu'elle n'avait pas vus depuis des années l'appelaient pour savoir comment mettre la main sur les livres qu'ils avaient vus chez « l'ami d'un ami ». Le plus étonnant, c'est que le nombre d'appels était absolument sans proportion avec le nombre de livres distribués. « Les photocopieuses doivent être très occupées », dit Judy à Bob. Et les commandes qui pleuvaient sans discontinuer venaient de toutes sortes de personnes : psychologues, enseignants, prêtres, gens d'affaires, étudiants, catholiques, protestants, Juifs, Noirs, Blancs, Orientaux; la demande pour le Cours semblait être tout à fait universelle.

En février 1976, les livres étaient encore épuisés. La troisième impression de cent séries avait été distribuée aux personnes figurant sur une liste d'attente qui s'était remplie avant même que Judy eût reçu les livres.

Quand les quatre demandèrent s'ils devaient procéder à un nouveau tirage, la réponse que chacun reçut était « non ». Ils ne comprenaient pas, car la demande allait en augmentant, pas en diminuant, et on ne pouvait la satisfaire qu'en faisant un autre tirage de la première édition, aussi rudimentaire fût-elle.

« Peut-être que les gens qui viennent nous rencontrer aujourd'hui seront les bons », suggéra Judy.

Ce groupe leur était envoyé par John White, un vieil ami de Judy qui était un auteur et un éditeur respecté. Au fur et à mesure que le groupe décrivait ses intérêts, ses attitudes et ses croyances, il devint évident que ces personnes avaient une spiritualité très développée et qu'elles pourraient prendre soin du Cours d'une manière responsable et honorable. Tous les quatre étaient non seulement positifs mais enthousiastes à l'idée de confier à d'aussi bonnes personnes la responsabilité de diffuser le Cours de la manière « la moins commerciale » possible.

Ils remercièrent John et ses associés en promettant de leur donner une réponse après avoir demandé guidance sur la question.

Après que le groupe eut quitté, ils firent silence et demandèrent intérieurement si ces personnes étaient celles qui devaient publier le Cours.

Après quelques minutes, ils s'échangèrent un regard incrédule. Sans avoir à dire un mot, chacun savait que les autres avaient reçu la même réponse : non. « Seulement cette fois, dirent-ils, demandons *qui* est censé le publier. »

À nouveau ils se recueillirent en silence. Après cinq minutes, ni Judy ni Bill ni Ken n'avaient rien entendu. Mais Helen, si. Elle dit : « Je ne pense pas que vous allez l'aimer… »

« Qu'as-tu entendu ? » demanda Judy.

« La réponse est qu'il doit être publié par ceux qui n'ont pas d'autre intérêt que le Cours. »

« C'est ridicule, dit Judy. Un tel éditeur n'existe pas. »

« Oui, il existe », dit tranquillement Helen.

« Qui ? » demanda Judy.

« Qui a publié l'édition actuelle ? »

« Eleanor… »

« Non, dit Helen. Eleanor les a imprimés ; la fondation les a publiés. »

Judy était estomaquée. « La fondation est censée publier les livres ? »

« La fondation possède le copyright », dit Bill.

« Oui, dit Judy, encore sonnée. Mais vous avez entendu combien il en coûterait ? La fondation n'a pas cet argent. »

« Alors demandons d'où doit venir l'argent », fit Helen.

En fermant les yeux, Judy entendit clairement : « Fais le premier pas. »

Quand ils ouvrirent les yeux, Judy demanda ce que les autres avaient entendu : ils n'avaient rien entendu. Il était clair pour elle qu'elle devait faire le premier pas. En calculant mentalement ce qui restait dans son compte de banque, elle fit la promesse silencieuse de consacrer le montant total à cette fin, et elle en informa les autres.

Ainsi, comme Helen et Bill dix ans auparavant s'étaient engagés à trouver une meilleure façon de vivre dans l'univers, Judy venait de s'engager à publier *Un cours en miracles* contre vents et marées.

Plus tard ce jour-là, quand Bob rentra du bureau, Judy lui raconta ce qui était arrivé. Bob avait commencé à lire le Texte dans la première édition, mais il n'avait pas senti le besoin de continuer et le livre était resté sur sa table de chevet avec un signet inséré à la page 62. Quoi qu'il en soit, même s'il n'avait pas envie d'étudier le Cours à cette époque, il offrit à Judy son aide et son soutien. De fait, il avait hâte de voir comment la fondation parviendrait à publier le Cours. Ayant déjà travaillé dans la publicité, il connaissait plusieurs personnes à qui il pourrait demander conseil.

Tôt le lendemain matin, le téléphone sonna et Bob répondit. L'opératrice lui dit qu'il s'agissait d'un appel du Mexique pour Judy. Quand Bob demanda qui appelait, une voix à l'autre bout du fil s'identifia sous le nom de Reed Erickson.

Bob se souvenait que Reed était le fondateur d'une organisation à but non lucratif [5] pour laquelle Zelda Suplee, une amie de Judy, travaillait. Un soir, deux ans auparavant, Zelda avait amené Reed chez Judy, et c'est la seule fois que Judy et Bob l'avaient vu ou lui avaient parlé. Bob déposa le combiné et dit à Judy qu'elle avait un appel interurbain de Reed Erickson.

« Reed ? » dit-elle avec étonnement en saisissant le combiné, mais Reed alla droit au but. Zelda lui avait envoyé une copie du manuscrit original du Cours quelques mois auparavant, et il appelait pour dire à Judy que sa vie n'était plus la même depuis. Il continua en s'extasiant sur la beauté de la langue, la vérité des idées et l'efficacité des leçons. Lui-même étudiait déjà le Cours avec un groupe d'amis, dit-il. Il la pressa de publier le livre le plus vite possible, avec une couverture cartonnée et tout le respect que le livre méritait. Judy lui dit que ses associés et elle en étaient arrivés à la même décision la veille, mais qu'elle

---

[5] Cet organisme est connu sous le nom de *Erickson Educational Foundation.* (N.d.T.)

n'avait pas assez d'argent pour faire imprimer une édition reliée.

« Tu ne comprends pas, Judy, répliqua Reed. J'ai été guidé : j'ai vendu une propriété récemment et je veux que les profits servent à financer la première édition reliée de cinq mille exemplaires d'*Un cours en miracles*. Ça doit se faire dans les règles de l'art et le plus vite possible. »

Judy en eut le souffle coupé. Elle téléphona immédiatement à Helen et à Bill pour leur annoncer la nouvelle.

« Tu vois, Judy, dit Bill avec un sourire dans la voix, il n'y a vraiment pas d'ordre de difficulté dans les miracles. »

Quand Judy, Helen, Bill et Ken se réunirent après le week-end, Helen aborda le sujet du nom de la fondation. Puisque celle-ci allait publier *Un cours en miracles*, Helen était convaincue qu'elle devait changer de nom. « Fondation pour l'Investigation parasensorielle » serait trompeur puisque ça ne correspond pas du tout au Cours.

Les autres n'y avaient pas songé, mais aussitôt qu'Helen en parla, ils furent tous d'accord. Ainsi, la prochaine chose à faire était de demander quel devait être le nouveau nom de la fondation.

Cet après-midi-là, dans le calme et le silence, ils demandèrent et ne reçurent aucune réponse. Judy et Bill avaient tous deux entendu que le nom devait changer, mais ni eux ni Ken n'avaient reçu une réponse directe à leur question. Ils convinrent donc de redemander à un autre moment.

Le lendemain, Bill téléphona à Judy pour lui dire qu'Helen avait reçu une réponse la nuit précédente. Elle n'avait rien demandé, mais l'image lui était apparue d'un portail fait d'une grille de fer sur laquelle se trouvait une plaque. Quand elle vit la plaque de plus près, elle put y lire ceci : « *Foundation for...* » (Fondation pour) suivi d'un espace qui contenait une écriture qu'elle n'arrivait pas à déchiffrer. Après le passage incompréhensible venait le mot « *peace* » (paix). « Je ne sais pas ce que le portail signifie, dit Bill. Helen non plus ne sait pas. Mais nous croyons tous les deux que ce qu'elle a vu concerne le nom de la fondation. »

Durant l'après-midi, le groupe se rencontra pour discuter de l'information qu'Helen avait reçue. Il était clair pour chacun d'entre eux que le nom ne pouvait pas être « *Foundation for Peace* » (Fondation pour la paix), car ç'aurait été trop vague. « Le but du Cours, dit Helen, est d'aider le lecteur à trouver la paix intérieure. » Presque immédiatement, Bill, Judy et Ken dirent « paix intérieure », et il était clair que le nouveau nom serait « *Foundation for Inner Peace* » (Fondation pour la paix intérieure).

* * *

Les premiers exemplaires de la première édition reliée d'*Un cours en miracles* furent livrés le 22 juin, et ce soir-là une fête eut lieu à l'appartement de Judy et Bob. Pure coïncidence, c'était à la fois un lancement de livre et une fête d'anniversaire: celui de Douglas Dean, le professeur qui avait permis à Judy de rencontrer Helen, Bill et Ken. La rapidité avec laquelle le travail d'impression avait été exécuté suscita l'étonnement et l'admiration de tous. Chacun des invités, à un moment ou à un autre durant la soirée, prit les livres dans ses mains pour les caresser doucement, et comme pour s'assurer qu'ils avaient bel et bien été imprimés. Quand on présenta le gâteau de fête, Judy fit un court discours de gratitude envers tous les miracles qui s'étaient produits pour permettre à ces livres de voir le jour. En commençant par la Voix et par les images d'Helen, elle en fit la liste complète jusqu'au miracle du financement de l'impression. Tandis que Judy parlait en tenant les trois volumes dans ses mains, elle-même et toutes les autres personnes dans la pièce savaient, et savaient sans l'ombre d'un doute, que par le truchement de leurs voix intérieures, *Un cours en miracles* avait été magnifiquement guidé vers sa parfaite naissance.

* * *

Les premiers exemplaires du Cours furent offerts à titre gracieux par Reed Erickson à plus de deux cents amis et connaissances qu'il croyait susceptibles de tirer profit de l'ouvrage. Ces personnes vivaient dans tous les coins du pays et plusieurs d'entre elles étaient des leaders dans leurs domaines respectifs. En conséquence, le Cours commença immédiatement à faire parler de lui sur une plus grande échelle.

Des exemplaires gratuits furent également offerts par les autres membres du groupe, et Bill ne manqua pas de remettre cette édition reliée du Cours à Hugh Lynn Cayce, qui les avait tant aidés, Helen et lui, quelques années auparavant.

Il y avait aussi quelque deux cents noms que la fondation avait accumulés de gens qui demandaient de l'information sur le Cours ; ceux-ci furent informés qu'ils pouvaient désormais acheter les livres en édition reliée.

Judy fit un autre voyage en Californie durant l'été. En partant, elle emporta soixante-quatre exemplaires des trois volumes, et elle en fit envoyer soixante-quatre autres afin d'avoir assez de livres pour tous ceux qui voudraient en acheter là-bas. Elle n'avait aucune idée de la façon dont les livres se vendraient, ni à qui, mais elle savait que s'ils étaient disponibles, ceux à qui ils étaient destinés les trouveraient.

En arrivant, Judy contacta immédiatement Jim Bolen, l'éditeur de *Psychic Magazine*, qui insista pour qu'elle dirige une discussion de groupe sur le Cours durant son séjour. Puisque Bill, Helen et Ken avaient encore une fois accepté de passer quelque temps en Californie avec elle, et puisqu'ils arrivaient dans quelques jours, Judy fit en sorte que cette discussion ait lieu quand les autres seraient arrivés et pourraient y participer.

Le groupe que Jim rassembla comptait environ vingt-cinq personnes qui étudiaient déjà le Cours. De plus, on sentait chez chacun d'entre eux une réelle détermination à suivre les principes du Cours ; et les histoires qu'ils racontèrent ce soir-là sur la transformation de beaucoup de leurs relations témoignaient de l'efficacité de ces principes. Pour Helen et Bill, ces témoignages furent l'aspect le plus gratifiant de cette réunion et des autres auxquelles ils assistèrent durant leur séjour d'un mois à San Francisco. Judy, Helen, Bill et Ken eurent aussi la satisfaction de rencontrer Reed Erickson, qui visitait San Francisco au même moment. L'heureuse occasion s'est alors présentée de célébrer l'anniversaire d'Helen, le 14 juillet, et de rendre hommage à Reed pour le rôle très spécial qu'il avait joué dans la publication du Cours.

Lors de la première réunion de groupe, toutes les personnes présentes voulurent acheter l'édition reliée du Cours. Judy se rendit compte immédiatement que les cent vingt-huit exemplaires qu'elle avait amenés et fait venir en Californie ne suffiraient pas à satisfaire la demande. Aussi, le lendemain matin, elle appela New York pour en faire venir une autre centaine.

Les premières commandes postales pour le Cours entrèrent à la fondation à la mi-juillet, et chaque jour Bob ouvrait trois ou quatre enveloppes contenant des demandes pour le Cours. C'est à cette époque qu'il se nomma lui-même « chef du département des commandes postales » de la fondation. Cela voulait dire qu'en revenant à la maison après son travail à la société de placement, il ouvrait le courrier, tapait les adresses sur les étiquettes et remplissait les cartes qu'il envoyait à Long Island où les livres étaient entreposés et d'où ils partiraient. Pour Bob, le plus étonnant était de voir que des gens vivant dans des régions où le

Cours n'avait pas encore été « présenté » en avaient entendu parler aussi rapidement. Durant les six premières semaines, il avait déjà reçu des commandes en provenance de vingt-trois États différents, dont la Floride, le Texas, la Louisiane, le Minnesota et Washington, ainsi que de plusieurs villes du Canada.

Pendant ce temps, Jim Bolen, qui étudiait le Cours depuis près d'un an, reconnaissant l'impact qu'il avait eu dans sa propre vie et dans celle de tant de gens, décida qu'il était grand temps de publier un article de fond sur le Cours dans *Psychic Magazine*.

Quand il avait rencontré Helen et Bill l'été précédent, un lien instantané mêlé de respect s'était créé entre eux. Helen en particulier, contrairement à son habitude, montrait beaucoup d'affection pour Jim et aimait passer du temps en sa compagnie. Toutefois, quand Jim dit à Bill et Helen qu'il aimerait les voir faire partie d'un tel article, Helen se rebiffa immédiatement. Bill reconnut que la réaction d'Helen était motivée par la peur, mais il devait admettre que lui non plus n'était pas très chaud à l'idée de coopérer. À l'inverse, Judy était convaincue que les lecteurs de Jim étaient exactement le genre de public qui serait extrêmement intéressé à lire sur le Cours.

Aussi firent-ils ce que le Cours ne cesse de recommander : ils firent silence et chacun demanda à son soi intérieur si un article devait être publié. À la surprise de Judy, elle entendit « non » ; et sans même demander, elle savait que les autres avaient reçu la même réponse.

Judy n'aimait pas la réponse qu'elle avait reçue, car Jim était son ami, et son esprit « logique » lui disait qu'ils « devaient » publier un article sur le Cours dans *Psychic Magazine*. Elle suggéra donc aux autres de redemander, mais cette fois en cherchant à savoir pourquoi l'article n'était pas recommandé. La réponse fut très claire, et c'est Helen qui l'exprima le mieux.

J'ai entendu que le Cours ne devait pas être associé avec quoi que ce soit de «*psychic*[6]», dit-elle. Le Cours est d'ordre spirituel, métaphysique et psychologique, et on ne doit pas le confondre avec le parapsychique.

Le message était clair et ne laissait rien à redire. Judy et Jim furent déçus, mais ils comprenaient tous les deux que la réponse était juste.

Durant les cinq semaines suivantes, Judy fut appelée à parler du Cours lors de plusieurs réunions qui eurent lieu dans la région de San Francisco. Les invitations émanaient de diverses sources : cours d'éducation aux adultes, groupes d'études en psychologie, organisations spirituelles ou simples étudiants du Cours qui avaient formé leurs propres groupes. À l'instar de la première réunion organisée par Jim Bolen au début de l'été, toutes les rencontres étaient marquées par une force de détermination que Judy n'avait jamais rencontrée durant toutes ces années à parler de sujets reliés à la parapsychologie.

Quand Judy revint à New York à la fin août, presque quatre cent exemplaires des trois volumes avaient été commandés par la poste, à raison de trois ou quatre commandes par jour. Bien qu'il y eût davantage de demandes en provenance de la Californie, où avaient séjourné Judy, Bill, Helen et Ken, il était évident que le bouche à oreille avait fait son œuvre, la nouvelle s'étant vite répandue dans tout le pays. Une commande isolée arrivait tout à coup d'une petite ville de l'Oregon, par exemple, et quelques semaines plus tard les commandes en provenance de cette même petite ville commençaient à pleuvoir.

Pendant ce temps, des groupes d'études sur *Un cours en miracles* surgissaient spontanément dans plusieurs régions du pays. New York, Long Island, Chapel Hill, Houston,

---

[6] En anglais, le mot *psychic* couvre tout le champ des phénomènes paranormaux, ou parapsychiques. (N.d.T.)

Washington, D.C., Chicago et la Californie du Nord et du Sud furent parmi les premiers endroits où des individus qui étudiaient le Cours décidèrent de se rassembler pour partager leurs expériences et s'aider les uns les autres à vivre selon les principes d'*Un cours en miracles*.

De son côté, Judy recevait des invitations de divers groupes new-yorkais qui lui demandaient de venir leur présenter le Cours. Chaque fois, elle demandait à Bill et Helen s'ils voulaient l'accompagner : leur réponse commune était toujours un prévisible « non merci ».

Toutefois, en novembre, quand Judy fut invitée à parler du Cours au *Parapsychology Club* des Nations Unies, Bill accepta finalement de l'accompagner. S'il s'agissait d'un petit groupe, dit-il, il était bien prêt à y aller, puisqu'il doutait qu'un membre des Nations Unies ait quelque chose à voir avec le Centre médical où il travaillait.

Durant le même mois, Bill reçut un appel de Hugh Lynn Cayce qui le remerciait pour son cadeau et tenait à lui dire que c'était l'un des documents métaphysiques les plus importants qu'il ait jamais vus. Il ajouta que la librairie de l'A.R.I., aurait aimé avoir le livre en rayon et demanda à Bill de faire en sorte que dix exemplaires des trois volumes soient envoyés à Virginia Beach en consignation.

Ainsi pour la première fois *Un cours en miracles* était disponible dans un point de vente.

* * *

Pour Bob, l'un des aspects les plus gratifiants de son poste de « chef du département des commandes postales » était de lire et de répondre aux lettres de tous ceux qui avaient été profondément touchés, émotionnellement, par le Cours. Ces lettres venaient de gens de toutes les religions et de toutes les classes sociales. Pour la plupart, elles racontaient comment, en appliquant les principes du Cours, diverses relations inharmonieuses avaient commencé à guérir. Plusieurs personnes parlaient des « miracles » qui s'étaient produits quand elles avaient commencé à mettre en pratique les leçons du Cours – des miracles qui avaient permis de changer du tout au tout la direction de leur vie... des miracles qui avaient toujours pour fondement la perception nouvelle d'un amour qui avait toujours été existé.

Parfois les lettres racontaient d'une manière vraiment inspirante comment « l'impossible » s'était produit, tandis que d'autres personnes écrivaient simplement afin d'exprimer leur gratitude à la fondation pour « avoir mis à leur disposition ces livres merveilleux ».

Les premières lettres de ce genre apparurent à la fin de l'automne de 1976, et à ce jour elles continuent d'arriver régulièrement.

Tandis que Bob s'occupait des tâches administratives, Judy passait beaucoup de son temps à rencontrer des gens qui avaient entendu parler d'*Un cours en miracles* et voulaient en savoir plus. Bien que les demandes de rendez-vous vinssent de toutes sortes de gens, la plupart de ceux que Judy rencontrait étaient des psychologues, des enseignants et des hommes et des femmes œuvrant dans la sphère spirituelle. Ces personnes s'intéressaient aux livres non seulement pour elles-mêmes mais aussi pour ceux qu'elles côtoyaient dans leur vie professionnelle. L'attrait des livres pour de tels thérapeutes était un présage de ce qui allait venir, car plus le Cours faisait son chemin à travers le pays, plus les commandes affluaient en provenance de personnes ayant le même profil et les mêmes antécédents.

Trois après-midi par semaine étaient réservés pour les sacro-saintes rencontres entre Helen, Bill, Ken et Judy. Puisqu'Helen vivait continuellement dans la crainte que quelqu'un à l'hôpital découvre ce qu'elle avait fait, c'était l'un des sujets dont ils discutaient presque chaque semaine. Car elle avait beau connaître par cœur les leçons du Cours –

dont la leçon quarante-huit intitulée « Il n'y a rien à craindre » – l'idée d'être découverte constituait pour elle une menace permanente. De fait, qu'elle ait pu, malgré cette peur envahissante, se rendre chaque jour à l'hôpital et y fonctionner d'une manière parfaitement productive témoigne de son professionnalisme.

Un après-midi, durant l'une de ces rencontres, Judy reçut un coup de fil de Jim Bolen qui semblait débordant d'enthousiasme. Il commença par exprimer encore une fois combien le Cours l'avait aidé à s'ouvrir à tellement de nouvelles idées qui auparavant l'effrayaient, et combien il aurait aimé pouvoir partager ce nouveau monde d'abondance avec ses lecteurs. Il avait donc discuté avec ses associés de la possibilité d'augmenter la portée du magazine pour y inclure davantage que les seuls phénomènes psychiques inexpliqués ; et l'idée que Judy et Bill avaient émise quand ils étaient en Californie – soit de changer le nom du magazine – avait fait son chemin. « Dis à Bill, ajouta-t-il, que le nom qu'il avait suggéré est celui que nous avons adopté pour le nouveau magazine. »

« Tu veux dire *New Realities* (Nouvelles Réalités) ? » demanda Judy.

« Exact, répondit Jim. Et nous voudrions lancer le nouveau magazine avec la première présentation publique d'*Un cours en miracles*. »

Quand Judy, Helen, Bill et Ken se réunirent pour demander si cette fois l'article sur le Cours devait être publié dans *New Realities*, chacun reçut une réponse affirmative. Toutefois, Helen n'était pas très heureuse, et elle se mit à réciter la litanie habituelle d'objections. Bill parvint à lui assurer que son anonymat serait préservé, que Jim ne publierait rien sans leur approbation, et qu'il était inévitable qu'un jour le Cours fasse parler de lui dans les journaux. « Ainsi, dit-il, nous sommes certains que ce sera fait comme il faut et sans aucun sensationnalisme. »

* * *

Brian Van der Horst était un ami de Judy qui avait commencé à étudier le Cours à l'automne de 1975. Brian, qui avait une trentaine d'années à l'époque, avait une chronique régulière dans le *Village Voice*, un journal hebdomadaire fort populaire à New York qui se spécialise dans le journalisme d'enquête et les analyses originales de sujets d'actualité. Judy avait rencontré Brian au début de 1975 quand il était venu l'interviewer en vue d'un article sur les phénomènes parapsychiques. Bien qu'ils ne se soient rencontrés que de rares fois depuis, ils se parlaient au téléphone et ils avaient développé une réelle amitié.

Quand Jim Bolen demanda à Judy si elle avait quelqu'un à lui suggérer qui pourrait écrire l'article sur *Un cours en miracles* pour *New Realities*, elle pensa immédiatement à Brian. Elle savait qu'il étudiait le Cours sérieusement et qu'il avait observé plusieurs changements bénéfiques dans ses relations depuis qu'il pratiquait les leçons. Jim ne connaissait pas Brian personnellement, mais il connaissait son excellente réputation de journaliste, aussi accepta-t-il de l'appeler pour lui proposer l'article.

La réaction de Brian fut immédiate et enthousiaste ; un article sur le Cours représentait pour lui un défi substantiel dans lequel il avait envie de mordre et de plonger.

Avec l'aide de Judy, Brian dressa une liste de vingt individus qui avaient tous une excellente réputation dans leurs domaines respectifs. Sur cette liste figuraient des enseignants, des psychologues, des hommes d'affaires, des auteurs et un médecin. L'article tournerait autour de ces personnes en montrant les fruits que le Cours avait donnés dans leur vie jusqu'à présent.

Pendant que Brian commençait sa recherche, Jim Bolen téléphona à Judy pour lui dire qu'ils avaient décidé que le premier numéro de *New Realities* devrait aussi contenir un interview de Judy.

« Voyons, Jim, ton magazine interviewe des gens comme Richard Bach – pas Judy Skutch. »

Jim expliqua à Judy que son travail dans le domaine de la parapsychologie avait fait d'elle une référence pour les lecteurs du magazine, et qu'un article distinct relatant son propre rôle dans la publication du Cours serait d'un grand intérêt pour ses lecteurs. Aussi, dit-il, un tel interview ajouterait du poids à l'article que Brian était en train d'écrire.

Il fallut près d'une heure pour que Judy se laisse convaincre de demander à sa voix intérieure si elle devait le faire.

Judy expliqua la requête de Jim à Bill et Helen, et ils acceptèrent de demander avec elle. À sa grande surprise, la réponse de Judy fut un « oui » catégorique, tandis que Bill et Helen entendirent aussi des réponses affirmatives.

Entre-temps, au début mars, parut le bulletin mensuel de l'A.R.I., l'association de Hugh Lynn Cayce, dans lequel figurait la première recension officielle d'*Un cours en miracles*. Le compte-rendu disait, entre autres :

> *Ces trois livres renferment l'un des plus remarquables systèmes de vérité spirituelle disponibles aujourd'hui dans le monde de la métaphysique.* [...] *Ce livre est une véritable révélation, dont la portée est pratiquement sans limite. Quiconque cherche Dieu, qui a étudié la littérature métaphysique, les pensées nouvelles ou les mystères des religions de l'Orient et de l'Occident, doit lire* Un cours en miracles.

Peu de temps après cette recension, la librairie de l'A.R.I. en Virginie passa une nouvelle commande de cinquante exemplaires des trois livres. Pour Bill, cela signifiait qu'il fallait commencer à penser à réimprimer le Cours. Des cinq mille exemplaires initiaux, il en restait environ deux mille cinq cents, ce qui aurait suffi normalement pour les six prochains mois ou plus si la demande n'augmentait pas. Mais avec la recension de l'A.R.I. et l'article à venir dans *New Realities* qui allait sans doute influencer les ventes, Bill croyait fermement qu'il était temps de réimprimer.

Encore une fois, on pesa « logiquement » le pour et le contre. Bien sûr, personne ne savait quel impact auraient l'article et l'interview de *New Realities*, mais Bill croyait qu'on pouvait s'attendre à « environ mille commandes » venant des lecteurs de *New Realities*. Selon Bob, c'était un chiffre beaucoup trop optimiste compte tenu que le magazine avait un tirage de seulement quatorze mille exemplaires. Ainsi, après les vaines discussions habituelles, ils décidèrent de demander intérieurement.

Chacun entendit qu'on devrait en imprimer cinq mille, mais Bill entendit qu'ils devaient le faire immédiatement.

Quand Bob téléphona à l'imprimeur pour passer la commande, on lui dit qu'il faudrait trois mois pour la livrer.

« C'est parfait, dit Bob. Ça nous amène à la mi-juin. Nous n'en aurons pas besoin avant au moins deux mois plus tard. »

Il était loin de se douter…

À la fin de l'article de Brian, le magazine avait inséré un encadré contenant l'information nécessaire pour commander les livres. Cinq jours après sa parution, la fondation fut inondée par un déluge de commandes.

Ce fut le signal pour Bob de démissionner de son poste d'homme à tout faire au « département des commandes postales », et pour la fondation d'engager une secrétaire qui s'occuperait de la correspondance et des commandes, car le déluge ne semblait pas vouloir cesser.

À la mi-juin, Bob apprit qu'on allait manquer de livres, que le relieur était en difficulté et que la livraison de la réimpression serait repoussée de quatre à six semaines. En attendant, il n'y avait rien d'autre à faire que de prendre les commandes et de préparer les étiquettes.

À la fin juillet, quand les nouveaux livres furent enfin prêts à être postés, il y avait mille commandes en attente. Personne ne pouvait croire ce qui était arrivé. Au bout du compte, un magazine à seulement quatorze mille exemplaires de tirage serait responsable de plus de trois mille cinq cents commandes en l'espace de quatre mois.

Une deuxième réimpression de sept mille cinq cents ouvrages fut commandée aussitôt que la deuxième fut livrée, et celle-là arriva à la mi-octobre. Les commandes entraient à un rythme de vingt-cinq par jour, et plusieurs librairies s'informaient de la possibilité de tenir les livres en rayon. La troisième réimpression – dix mille exemplaires des trois livres – fut livrée en janvier 1978, et pour la première fois à cette époque les librairies spécialisées dans le domaine de la métaphysique furent à même de commander et de tenir les livres en magasin.

De toute évidence, le bouche à oreille au sujet du Cours continuait de faire son œuvre. Trois mois après la publication de l'article dans *New Realities*, la fondation avait reçu des commandes des cinquante États américains et de plusieurs pays étrangers, incluant l'Australie, l'Inde et l'Afrique du Sud. De plus, des lettres de remerciement arrivaient cha-que jour de lecteurs qui racontaient comment le Cours les avait aidés à guérir des relations qu'ils croyaient incurables. Pour Helen et Bill, c'était cela qui comptait le plus. Ces lettres étaient leur récompense pour les dix longues années passées à recevoir, transcrire et soutenir le Cours.

Encore aujourd'hui, le bouche à oreille reste le meilleur outil de promotion d'*Un cours en miracles*. De plus, il y a de nombreuses personnes dans diverses professions qui étudient le Cours et en parlent dans les conférences qu'elles donnent régulièrement. Ainsi un psychiatre peut donner une conférence sur la santé holistique, un futurologue peut s'adresser à des membres du gouvernement, ou un psychologue peut diriger un atelier sur la transformation personnelle – chacun décrivant comment le Cours a changé sa vie ; et chacun continuant ainsi à passer le mot sur ce qu'un lecteur du Cours décrivait comme « l'un des documents les plus importants du siècle ».

9

La petite histoire d'*Un cours en miracles* a-t-elle en soi une signification particulière ? Ou est-ce simplement le récit de faits extraordinaires arrivés à deux personnes qui étaient peut-être elles-mêmes « différentes » des autres ? La naissance du Cours peut vraiment être considérée comme un miracle au sens où le Cours l'entend, car elle est due à deux personnes enfermées dans une relation insoutenable qui ont demandé une « meilleure voie » et qui, unies par ce but, ont travaillé ensemble en parfaite harmonie. Ainsi la naissance du Cours illustre d'une manière émouvante l'un des « cinquante principes des miracles », qui stipule : « Les miracles, en tant qu'expressions d'amour, se produisent naturellement. [...] tout ce qui vient de l'amour est un miracle. »

Et il ne fait aucun doute que cet aspect de la relation de Bill et Helen était fondé sur l'amour total.

La *Foundation for Inner Peace* a reçu des centaines de lettres de personnes dont la vie a changé quand elles ont commencé à mettre en pratique les principes du Cours ; quand elles ont laissé l'amour motiver leurs actions, plutôt que d'agir sous le coup de la peur. Chaque lettre est différente. Et pourtant, elles sont toutes pareilles.

Comment cela fonctionne-t-il ?

En décrivant un incident survenu à une seule personne qui essaie de régler sa vie sur les principes du Cours, peut-être parviendrons-nous à percevoir ce que les miracles signifient, et à quel genre de miracle on est en droit de s'attendre quand on croit vraiment à la manière de la leçon 77 du Livre d'exercices pour étudiants : « J'ai droit aux miracles. »

* * *

En 1975, à l'âge de cinquante ans, le docteur Gerald G. Jampolsky, de Tiburon en Californie, était un psychiatre respecté qui avait une nombreuse et diverse clientèle. Étant un associé et un proche ami de Judy, il avait reçu l'une des premières photocopies du manuscrit. C'était tombé au bon moment, car il venait de vivre un divorce très difficile et il buvait beaucoup. Il commençait à remettre en question son style de vie, ses valeurs et le but même de son existence. Il avait reconnu immédiatement que le Cours offrait une heureuse alternative à la voie dans laquelle il s'était engagé. En conséquence, il s'était mis à étudier et à mettre le Cours en pratique, et sa vie avait complètement changé sur tous les plans.

Jerry, comme l'appellent pareillement ses proches et ses patients, n'a jamais cessé depuis de mettre en pratique les principes du Cours dans l'exercice de sa profession, et c'est sans doute le médecin connu qui a donné le plus de causeries publiques sur le Cours.

Peu de temps après avoir reçu le manuscrit, Jerry avait mis sur pied dans sa ville natale un petit organisme à but non lucratif, appelé « *The Center for Attitudinal Healing*[7] », qui utilisait les principes du Cours afin d'aider les enfants atteints de maladies catastrophiques à changer leur perception de la maladie. La thérapie et les partages sont inspirés en grande partie des leçons du Livre d'exercices, et presque chaque jour adultes et enfants se réunissent pour discuter de la manière de lâcher prise de la peur pour trouver la paix.

Un jour, Jerry reçut un coup de fil d'une mère dont le fils avait été victime d'un terrible accident. Elle lui expliqua que son fils s'était fait renverser par un tracteur, qu'il avait été dans le coma pendant quarante et un jours, et qu'il était

---

[7] Le *Center for Attitudinal Healing* (Centre pour la guérison par un changement d'attitude), fondé en 1975, s'appelle maintenant le *Corstone Center*. (N.d.T.)

maintenant, quoique sorti du coma, complètement aveugle et totalement paralysé sauf pour son bras gauche. « Joey est terriblement déprimé, dit-elle, et nous ne savons plus quoi tenter. Pouvez-vous nous aider ? »

« Où est-il maintenant ? » demanda Jerry.

« Il est avec nous à la maison, répondit la mère. Mais nous allons devoir le ramener à l'hôpital à Los Angeles où ils vont tenter une nouveau traitement. »

Ces gens habitaient à près de cinq cents kilomètres au nord de Tiburon, mais Jerry entendit sa voix intérieure qui lui disait d'aller les rencontrer. Il prit donc l'avion jusqu'à Eureka, loua une voiture à l'aéroport et fit encore cent quarante kilomètres de route pour passer quelques instants avec Joey et ses parents… juste pour déterminer s'il pouvait leur rendre service.

Puisque le changement dans sa façon de pratiquer la médecine, comme d'ailleurs le changement de toute sa vie, était due à son usage du Cours, il commença par partager avec la famille certains de ses concepts. Il discuta en détail du sens de la leçon 108 intitulée « Donner et recevoir ne font qu'un en vérité », en insistant sur le fait qu'en aidant autrui, c'est réellement soi-même que l'on aide.

« Même si les choses ont l'air terriblement sombres, dit-il à Joey, il est toujours possible de trouver quelqu'un d'autre à aider. Et tu verras qu'en trouvant des gens que tu peux aider, c'est toi-même que tu apprendras à aider. »

Le jour suivant, Joey fut transporté à l'hôpital de Los Angeles, et quand Jerry téléphona à sa mère pour prendre des nouvelles, elle lui dit que le pronostic des médecins n'était pas optimiste. Environ dix jours plus tard, toutefois, Jerry reçut un coup de fil de la mère de Joey.

« Il faut que je vous dise le miracle », commença-t-elle, puis elle raconta que Joey était tellement déprimé en arrivant à l'hôpital qu'ils craignaient le pire. « Il était dans un état terrible, dit-elle. Rien ne pouvait lui remonter le moral. Je ne savais pas quoi faire, continua-t-elle. Je restais assis près de son lit, moi-même désespérée, cherchant ce qui pourrait bien aider mon fils. Puis je me suis soudain souvenu de ce que vous nous disiez sur l'aide qu'on peut apporter aux autres. La seule personne qui me venait à l'esprit, c'était un bébé de deux ans qui avait pleuré à chaudes larmes toute la matinée. Il était très malade, de toute évidence, et les infirmières semblaient impuissantes à le réconforter. En fait, l'enfant avait régressé au point où il ressemblait davantage à un nouveau-né qu'à un bébé de deux ans. Les infirmières avaient essayé de le bercer en marchant, en le caressant, etc., mais rien n'y faisait, et les cris dérangeaient tout le monde dans cette unité.

« Alors, sans trop réfléchir, je suis allé trouver le bébé et, sans même penser à ce que je faisais, je l'ai pris dans mes bras et l'ai porté jusqu'au lit de mon fils où je l'ai déposé à plat ventre, en pleurs, sur la poitrine de Joey. Pendant une seconde, Joey a semblé surpris, mais presque immédiatement il a soulevé la seule partie de son corps qui fonctionnait encore – son bras gauche – et a placé sa main sur le dos du bébé. Il s'est mis à le flatter et à le caresser jusqu'à ce qu'il cesse simplement de pleurer et s'endorme.

« Joey souriait, et le bébé semblait sourire aussi, et les infirmières qui avaient accouru se sont exclamées en les voyant ainsi étendus tous les deux : “C'est un miracle. Pourquoi n'y avons-nous jamais pensé ?” En moins d'une semaine, ils avaient institué un nouveau programme afin de permettre aux enfants de s'entraider. Toute l'unité était devenue un lieu de joie. »

Inattendu ? Pas du tout, puisque le Cours dit que « les miracles, en tant qu'expressions d'amour, se produisent naturellement ». Les détails, incluant le remarquable rétablissement de Joey – qui retrouva l'usage de la parole et sa mobilité – n'étaient peut-être pas prévisibles, ni par Jerry ni par qui que ce soit, mais le développement général n'est pas étonnant pour ceux qui étudient et pratiquent les leçons d'*Un cours en miracles*. Car le système de croyances du Cours induit un état d'esprit dans lequel on s'attend aux miracles, parce que les miracles sont naturels.

Dans le contexte du Cours, on peut demander : « Qu'est-ce qu'un miracle exactement ? »

Les remarques de Bill Thetford furent extrêmement utiles à cet égard pour bon nombre d'étudiants du Cours : « Les cinquante principes des miracles qui ouvrent le Texte sont des indices qui révèlent ce qu'est un miracle. Les cinquante principes sont un résumé du Cours tout entier. Pour moi, un miracle est simplement la solution créatrice à un problème. Quand le Cours dit : "Il n'y a pas d'ordre de difficulté dans les miracles", cela signifie qu'il n'y a pas d'ordre de difficulté dans la résolution de problèmes. Et puisque tous les problèmes sont le résultat du déni de l'existence de l'amour, alors on peut définir un miracle comme "le changement de perception par lequel les blocages sont levés qui empêchaient de prendre conscience de la présence de l'amour". »

Ceux qui étudient le Cours reconnaissent très tôt dans le Livre d'exercices que ce qu'ils sont en train d'apprendre en réalité, c'est une nouvelle manière de percevoir. Ils doivent désapprendre un système basé sur la croyance en l'univers physique, car le Cours stipule que notre seule réalité est Esprit, et que notre conflit vient d'osciller entre les deux systèmes de pensée. Un système veut que nous sommes nés dans des corps pour une courte période de temps – pour y faire l'expérience de la joie, de la peine, du bonheur, du deuil, et finalement de la mort. L'autre croyance – la croyance du Cours – est que nous sommes créés à l'image de notre Créateur, qui est Esprit. En vérité, nous ne sommes pas des corps ; nous sommes des extensions de la Pensée de Dieu. Bien que notre héritage naturel soit l'amour, nous avons choisi de rêver que nous nous sommes séparés de notre Source et qu'en ce faisant nous avons péché. De cette erreur de perception vient toute notre culpabilité, et de la culpabilité vient la peur. Nous n'apprenons à relâcher la peur et à défaire notre sentiment erroné de péché et de culpabilité que par la pratique du pardon, car c'est en pardonnant à autrui qu'on apprend à se pardonner à soi-même, et ainsi nos illusions de séparation peuvent être guéries. Comme le dit le Cours : « [...] toute guérison comporte le remplacement de la peur par l'amour. »

* * *

Est-ce que la Voix qui a dicté le Cours à Helen était bien celle de Jésus ? Helen et Bill croyaient tous deux que le livre devait se tenir tout seul, peu importe son auteur présumé. Au fond d'elle-même, Helen était sûre que c'était la Voix de Jésus, et pourtant elle avait encore des sentiments ambivalents sur le sujet :

N'ayant aucune croyance en Dieu, je détestais le texte que je transcrivais, et j'étais fortement tentée de l'attaquer et d'en prouver la fausseté. D'un autre côté, j'ai passé un temps considérable non seulement à le transcrire mais aussi à le dicter à Bill, et il semble évident que je le prenais très au sérieux. De fait, j'en suis venue à le considérer comme l'œuvre de ma vie, même si je restais fort peu convaincue de son authenticité et très mal à l'aise à ce sujet. Comme Bill l'a souligné, il fallait que j'y croie, ne serait-ce que pour le combattre comme je le faisais. C'est vrai, mais ça ne m'a pas aidée. J'étais dans la situation impossible de ne pas croire à l'œuvre de ma vie. La situation était clairement ridicule en plus d'être douloureuse.

Mais d'où venait cette dictée ? Le sujet lui-même est certes la dernière chose sur laquelle je me serais attendue à écrire, puisque je n'y connaissais rien. Par après, j'ai appris que plusieurs des concepts et même certains termes de la dictée se retrouvent dans la pensée mystique de l'Occident comme de l'Orient, mais je ne les connaissais pas du tout à l'époque. Pas plus que je ne comprenais la calme et impressionnante autorité avec laquelle la Voix dictait. C'est en grande partie à cause du caractère étrangement irrésistible de cette autorité que j'écrivais le mot Voix avec un V majuscule. Je ne sais pas qui est le véritable auteur du texte, mais la combinaison particulière de certitude, de sagesse, de douceur, de clarté et de patience qui caractérise la Voix rend la majuscule parfaitement appropriée.

À plusieurs endroits durant l'écriture, la Voix elle-même fait mention de l'Auteur en des termes on ne peut plus clairs. Ma propre réaction à ces mentions, qui m'avaient littéralement secouée à l'époque, devint de moins en moins intense jusqu'à atteindre le niveau de la simple indécision. Je ne comprends pas les événements qui ont mené à l'écriture du texte. Je ne comprends pas le processus et je ne comprends certainement pas qui est l'auteur. Il ne servirait à rien que je tente une explication.

* * *

Quand *Un cours en miracles* a commencé à se faire jour sous la plume d'Helen, nul ne pouvait prévoir l'impact qu'il aurait sur le monde. Mais il semble clair que le texte fut donné à Helen et Bill dans un but plus vaste que d'aider simplement deux personnes à trouver une « meilleure voie », ou une meilleure façon de vivre dans l'univers. Il a déjà changé pour le mieux trop de vies pour croire qu'il fût transmis dans un but si restreint. Aussi nous semble-t-il qu'en son temps et à sa façon, il finira par s'étendre partout où le besoin s'en fera sentir.

Les concepts du Cours sont tels que quiconque l'étudie sérieusement *doit* trouver que sa perception a changé... que si l'on croit et se plie à la réalité spirituelle que le Cours présente, alors seule la paix d'esprit peut en résulter. Car quand nous lâcherons prise de toutes nos peurs, nous ressentirons et nous serons ce que nous sommes en vérité, soit l'amour total. Et alors nous connaîtrons que le voyage vers Dieu a bel et bien été un voyage sans distance.

ÉPILOGUE

En 1977, Helen prenait sa retraite de l'hôpital à l'âge de 68 ans, soit trois ans de plus que l'âge normal de la retraite. Moins de quatre ans plus tard, le 9 février 1981, elle mourait à New York.

L'année suivante, en témoignage de reconnaissance, la *Foundation for Inner Peace* publiait *The Gifts of God*, la collection complète des poèmes d'Helen, qui furent écrits entre 1971 et 1978. Bien que la poésie n'ait pas été écrite par le même procédé que le Cours, plusieurs des poèmes ont la même qualité d'inspiration.

En 1978, Bill prenait sa retraite anticipée. Il a déménagé en Californie où il a continué à travailler en pratique privée en plus d'aider à écrire et à publier plusieurs livres de Jerry Jampolsky. Il est mort subitement d'une crise cardiaque le 4 juillet 1988.

Judy a déménagé en Californie en 1978. Elle consacre la majeure partie de son temps à mener à bonne fin les nombreuses traductions du Cours.

En 1983, Ken créa la *Foundation for A Course in Miracles*, qui est vouée à l'enseignement des principes du Cours. Sa fondation a son siège à Temecula, en Californie.

Les étudiants d'*Un cours en miracles* continuent de former spontanément et anonymement des groupes de rencontre pour discuter du Cours et en étudier les principes. Il n'y a pas moyen de savoir exactement combien il existe de groupes, mais nous croyons qu'il y en a plus de deux mille partout dans le monde.

Au printemps de l'année 2001, quatorze traductions d'*Un cours en miracles* étaient en cours. L'édition espagnole fut publiée par la *Foundation for Inner Peace* en 1993, l'édition portugaise en 1995, les éditions russe et chinoise en 1999. De plus, l'édition allemande fut publiée en 1994, l'hébraïque en 1996, et l'italienne et l'hollandaise en 2000. La première édition française fut publiée en 2005. Toutes sont disponibles à la fondation.

Index des références à *Un cours en miracles*

Page	Référence
9	T.p. 161
82-83	T.p. 1
84-85	T.p. 3
88	T.p. 7
88	M.p. 60-61
98	T.p. 375
101-102	T.p. 696
102-103	T.p. 718
107-108	L.p. 1
108	L.p. 2
109	L.p. 505
109-110	L.p. 506
111	M.p. 1
112	M.p. 2
112-113	M.p. 72
113	M.p. 74
147	T.p. 1
149	T.p. 90
150	T.p. 3
177	T.p. 3
180	T.p. 3
181	T.p. 3
182	T.p. 170

UN COURS EN MIRACLES

Découvrez l'ouvrage qui a inspiré Marianne Williamson, Gerald Jampolsky, Eckhart Tolle, et plusieurs autres…

Un cours en miracles n'est pas un livre ordinaire. Un peu partout dans le monde, depuis trente cinq ans, des groupes d'étude se sont formés dont les membres se réunissent pour partager autour de ce Cours. Voici donc la première traduction française de cet enseignement spirituel majeur, dont l'édition originale anglaise, parue en 1975, a été traduite en dix-sept langues et vendue à plus de deux millions d'exemplaires.

Parfait mariage de psychologie et de spiritualité, *Un cours en miracles* est sans doute l'un des documents spirituels les plus importants de notre époque. Se présentant comme un véritable livre de classe en trois volumes: Texte, Livre d'exercices pour étudiants et Manuel pour enseignants, il offre un enseignement totalement nouveau et fascinant, où les grands thèmes de la religion chrétienne sont revus et « corrigés ».

C'est aussi un livre pratique dans la mesure où la voie qu'il propose peut et doit s'appliquer dans notre vie quotidienne et dans toutes nos relations. Un miracle est un changement intérieur, un renversement dans notre façon de voir le monde. Par le miracle, nous apprenons à pardonner; et en pardonnant à autrui, nous apprenons que nous sommes pardonnés.

LES AUTEURS :

Deux professeurs de psychologie médicale à l'Université Columbia de New York : Helen Schucman, à qui le Cours fut « donné » sous forme de dictée intérieure ; et William Thetford, qui l'aida à transcrire le Cours durant les sept années que dura l'écriture (de 1965 à 1972). Sans oublier Jésus, qui est le véritable auteur, la Voix qui a dicté le Cours…

Éditions Octave	1 392 pages • Relié
Format 6,25 x 9,5 po	ISBN : 978-2-923717-23-4

LES SUPPLÉMENTS D'*UN COURS EN MIRACLES*

Le chant de la prière
Psychothérapie

Un Cours en miracles est un enseignement spirituel majeur où les grands thèmes de la religion chrétienne sont revus et « corrigés ». Peu de temps après avoir complété la transcription d'*Un cours en miracles*, Helen Schucman reçut la dictée de deux courts textes qui sont réunis ici en un même livre et sont publiés pour la première fois en français. Ces *Suppléments d'Un cours en miracles* sont *Le chant de la prière* et *Psychothérapie*.

Un cours en miracles n'est pas un livre ordinaire. Il n'y a qu'à considérer le nombre d'ouvrages écrits à propos de cet enseignement et le nombre de sites web qui lui sont consacrés. Un peu partout dans le monde, depuis trente-cinq ans, des groupes se sont formés dont les membres se réunissent pour étudier le Cours. Rappelons que l'édition originale anglaise du Cours a été traduite en dix-sept langues à ce jour et vendue à près de deux millions d'exemplaires. Cet ouvrage a inspiré notamment Marianne Williamson, Gerald Jampolsky, Eckhart Tolle et plusieurs autres...

Éditions Octave — 64 pages
Format 6 x 9 po — ISBN : 978-2-923717-24-1

INTRODUCTION À *UN COURS EN MIRACLES*

Kenneth Wapnick, Ph.D.

« *Si* Un cours en miracles *est si difficile à étudier, c'est parce que, entre autres, il ne ressemble à aucun autre système de pensée. La plupart des systèmes se déclinent d'une manière linéaire, en commençant par les idées simples qui s'ajoutent les unes aux autres et deviennent plus complexes. Le Cours n'est pas comme ça. Le système du Cours est présenté de façon circulaire. Il semble tourner et retourner autour des mêmes sujets. Prenez l'image d'un puits. Vous tournez continuellement autour du puits tout en y descendant de plus en plus profondément jusqu'à atteindre le fond. Et le fond de ce puits serait Dieu.* »

Le grand mérite de ce petit livre est de présenter d'une manière simple et lumineuse ce qui dans le Cours peut parfois sembler obscur et difficile. En cinq chapitres, Ken Wapnick nous explique l'essentiel : les systèmes de pensée de l'ego et du Saint-Esprit, les relations particulières, la culpabilité et le pardon, la signification des miracles et le rôle de Jésus. « *La seule chance que nous ayons jamais de pardonner notre culpabilité et de nous en libérer est de la voir en quelqu'un d'autre et de la pardonner là. En la pardonnant chez cette autre personne, nous la pardonnons en nous. Encore une fois, dans ces quelques lignes résident la somme et l'essence d'*Un cours en miracles. »

L'AUTEUR :
Ken Wapnick fut l'un des proches amis des deux personnes à l'origine d'*Un Cours en Miracles* : Helen Schucman et Bill Thetford. Il a collaboré avec eux à la première édition du Cours, en 1973, et depuis ce temps il se consacre entièrement à l'étude et à l'enseignement d'*Un cours en miracles*.

Éditions Octave — 128 pages
Format 6 x 9 po — ISBN : 978-2-923717-34-0

LES CARTES SAGESSE D'*UN COURS EN MIRACLES*

Gardez la sagesse
d'*Un cours en miracles*
à portée de la main !
Pigez une carte et faites-en
votre pensée du jour !

Ce magnifique boîtier contenant plus de 200 citations vous permettra de garder la sagesse d'*Un cours en miracles* à portée de la main. Pigez une carte et faites-en votre pensée du jour. Ou offrez-en une à un proche ou à un ami.

Véritables perles de sagesse, elles vous accompagneront et vous inspireront au cours de vos méditations quotidiennes.

Un cours en miracles se présente comme un véritable livre de classe en trois volumes : Texte, Livres d'exercices pour étudiants et Manuel pour enseignants. Il offre un enseignement spirituel totalement nouveau et fascinant, où les grands thèmes de la religion chrétienne sont revus et « corrigés ». C'est aussi un livre pratique dans la mesure où la voie qu'il propose peut et doit s'appliquer dans notre vie quotidienne et dans toutes nos relations. Un miracle est un changement intérieur, un renversement dans notre façon de voir le monde. Par le miracle, nous apprenons à pardonner ; et en pardonnant à autrui, nous apprenons que nous sommes pardonnés.

Éditions Octave
Format 3,75 x 2,5 po

218 cartes / boîtier présentoir
ISBN : 978-2-923717-33-3